数字技术支撑电网企业智慧运营的探索与研究

代作松　汤　宁　秦　宾　曹　煊
刁　文　王文哲　刁柏青　编著

山东大学出版社

图书在版编目(CIP)数据

数字技术支撑电网企业智慧运营的探索与研究/代作松等编著.—济南:山东大学出版社,2020.7

ISBN 978-7-5607-6655-3

Ⅰ.①数… Ⅱ.①代… Ⅲ.①电力工业—企业信息化—工业企业管理—研究 Ⅳ.①F407.61

中国版本图书馆 CIP 数据核字(2020)第 136480 号

策划编辑 张晓林
责任编辑 王文珺 李艳玲
封面设计 牛 钧

出版发行 山东大学出版社
社 址 山东省济南市山大南路 20 号
邮政编码 250100
发行热线 (0531)88363008
经 销 新华书店
印 刷 山东和平商务有限公司
规 格 720 毫米×1000 毫米 1/16
10.25 印张 189 千字
版 次 2020 年 7 月第 1 版
印 次 2020 年 7 月第 1 次印刷
定 价 86.00 元

前　言

全球能源互联网是未来能源的发展方向,是保障人类社会可持续发展、促进全球能源优化配置的重要措施。构建全球能源互联网的本质是打造绿色低碳、互联互通、共建共享的世界能源共同体。全球能源互联网推动形成以清洁能源为主导、高度电气化为特征的能源生产和消费新方式,形成各国、各地区电网互联互通、全球电力优化配置的能源发展新格局,形成共同建设、共享成果、互利互惠的新型能源合作关系。构建全球能源互联网与打造人类命运共同体紧密关联,是事关世界和平和发展以及人类可持续发展的全局性、战略性问题,旨在促进世界各国、各地区携手共进,走清洁低碳发展的生态文明之路,把世界建设得更加美丽、更加繁荣、更加和谐。

智慧运营是管理模式的创新变革,是能源互联网在电网企业发展的有效选择。未来,全球能源互联网的建设将实现生产、加工、传输、配送、消费等全产业链的基础设施的互联互通,运营数据有效共享,能源有序调度和分配。为了满足运营发展的管理需求,电网企业需要适应新环境的变化,变革企业的管理模式,由传统运营向智慧运营转变。智慧运营将实现企业的能量流、资金流、信息流、价值流“四流”的有效整合,进一步提升企业精准性投资、柔性化生产、精益化营销、精细化管理、优质服务的水平,创造价值、创新发展,渐成各行业追逐的热点。

智慧运营是一个体系,电网企业智慧运营的理论需要不断完善。智慧运营作为一个体系化的新事物,其框架体系将覆盖多个板块,每个板块针对性地构思如何在智能化的基础上提升企业运营能力。智慧运营的每个板块应该是有“剧本”的,通过剧本可以描述智慧化的理想状态。不同于单个的场景,剧本讲究启、承、转、合,前后贯穿成一条线、一个面。随着智慧化的推进,这个框架版图将一块一块有序地被点亮。从全局着眼,构思精妙剧本,创新技术,是实现运营智慧化的有效路径。未来,智慧运营可以从两个方面做深入研究:①实时性。完全融入生产过程中的实时智慧反应、实时运营指导、实时故障检测、实时运营纠错、实时决策辅助。②从经验规则转为数据判断。智慧运营不再或者不仅仅依赖于经验规则，而是在大量数据的基础上，通过模型训练，自学习、自适应、自成长，实现主动投诉预测触发主动关怀、主动故障预测触发主动运维等。

随着全球能源互联网、电网企业运营管理理论、新信息技术等方面的深入发展，企业的智慧运营理论将进一步得到完善，并在实践中不断丰富，最终为实现电力的智慧运营奠定基础。

作　者

2020 年 4 月

目 录

第1章　智慧运营综述

当前，电网企业正处在全球能源互联网发展、电力体制改革、数字技术应用等影响下的重要时期，传统运营在科学规划、调控运维、人力保障、技术支撑、安全生产及管理协同等方面面临着巨大挑战。为了应对外部环境和内部变革的复杂形势，借力数字技术，探索电网企业"智慧运营"势在必行。智慧运营融合"创新、协调、绿色、开放、共享"的发展理念，运用"以知识为本，以人才为本，强化执行力"的先进管理理念，确立运营管理柔性化的组织定位，以数字化技术为载体，着眼于企业运营战略目标，整合电网企业业务和数据资源，构建业务地图和数据地图，并通过"云、大、物、移"等数字新信息技术的应用，构建企业智能化运营平台，最终实现企业智慧运营的目标。

1.1　企业智慧运营的必要性

当前，电网企业面临着环境复杂和任务艰巨等严峻形势，给传统运营管理带来了新挑战。一是全球能源互联网快速发展，对电网运营在电网科学规划、调控运维、人力保障、技术支撑、安全生产等方面提出新的更高要求。二是国内宏观经济结构转型、电力体制改革等发展形势，给企业运营决策、风险防范等带来新考验。三是跨企业、跨部门、跨专业的管理协同以及公司内外部数据共享，对企业运营管理提出新任务。针对新形势、新问题，电网企业必须转变传统管理运营模式，从传统运营监测向智慧运营监测转变，即从传统运营的全面监测、运营分析、协同控制向智能监测、智能分析、智慧决策转变，以适应企业运营管理的需要。

1.1.1　全球能源互联网发展对电网运营提出新要求

1.1.1.1　特高压电网对电网运营提出新要求

以特高压为骨干网架的坚强智能电网集成了现代智能技术、信息网络技术、先进输电技术、新能源接入技术，灵活性和适应性强，能够满足清洁能源、分布式电源接入，智能设备即插即用，智能互动服务等需求。从全球范围来看,国家和地区间的能源资源供应与需求分布不均衡,能源基地远离负荷中心,需要实施能源的大规模、远距离输送和大范围的优化配置。未来将出现跨越国界的电网调度运行机构,跨越多个时区的远距离输电网络可以利用不同时区的负荷差异实现跨国界、跨洲的电网削峰填谷,进一步提升电网资源优化配置能力。

特高压电网投资大、传输距离远,需建立相应的建设、运行、运检、运营等保障机制,采取相应的措施。一方面,电网运营组织机构需作相应调整,以确保跨国、跨区域、跨法人组织实现特高压电网高效运行和管理;另一方面,建设以特高压电网为骨干网架、各级电网协调发展的坚强电网,并实现电网的信息化、数字化、自动化、互动化,在供电安全、可靠和优质的基础上,进一步实现清洁、高效、互动的目标,对电网运行的调度和分析控制提出了许多更新、更高的要求。电网运营需转变管理理念,并利用先进信息技术加强对电网运营的管理,以适应以特高压电网传输为特征的智能电网运营的管理要求。

1.1.1.2 清洁能源发展对电网运营提出新要求

全球能源互联网发展将促进电能在终端能源中比重的增加,电力市场大规模交易及新型商业服务模式,将为电网企业带来更加广阔的发展前景和机遇。但同时,电网企业也面临严峻挑战,促使其从组织和运营方式上进行改革。一是来自能源配置和承载能力方面的挑战。世界范围内的清洁能源发展势头迅猛,能否建设可进行超远距离、超大规模输电,能源配置范围更广的坚强智能电网,适应大规模的清洁能源接入,是对电网企业的严峻挑战。二是来自可靠输送和安全供应方面的挑战。随着风力发电、光伏发电等方式产生的能源的大规模接入,电网安全可靠运行与保护控制的复杂程度越来越高;同时,分布式清洁能源的快速发展,促使配电网从单向输送、模式单一的供电方式向双向互动、灵活多样的智能化供电方式转变,配电网供电安全成为焦点。三是来自市场开放和管理转型方面的挑战。分布式能源的发展使原用电客户拥有用电和卖电双重身份,电网企业转变发展模式、提高运营效率、适应生产力发展,成为管理变革的客观需要。四是来自角色转换和高效服务方面的挑战。随着分布式能源的发展,客户将既是电力消费者又是供应商,发用电关系会实现交互和灵活转换;同时,客户智能用电和互动服务需求标准越来越高,对电网企业尽快完成角色转换、友好兼容各类电源和客户接入、提供高效优质服务提出了更高要求。

1.1.1.3 智能电网对电网运营提出新要求

泛在智能电网集成现代智能技术、信息网络技术、先进输电技术、新能源接入技术，灵活性和适应性强，能够满足间歇性清洁能源、分布式电源的灵活接入，实现电动汽车、智能电器等即插即用，满足智能互动等多元化、个性化服务需求，是构建全球能源互联网的基础。智能电网的智能化主要体现在以下几个方面：①可观测。采用先进的传感测量技术，实现对电网的准确感知。②可控制。可对观测对象进行有效控制。③实时分析和决策，实现从数据、信息到智能的转变。智能电网的基本特征是信息化、数字化、自动化、互动化，基本内涵是坚强可靠、经济高效、清洁环保、透明开放、友好互动。

与传统电网相比，智能电网将进一步优化各级电网控制，构建结构扁平化、功能模块化、系统组态化的柔性体系架构，通过集中与分散相结合的模式灵活变换网络结构，智能重组系统架构，优化配置系统效能，提升电网服务质量，实现与传统电网截然不同的电网运营理念和体系。另外，智能电网将实现对电网全景信息（指完整、准确、具有精确时间断面、标准化的电力流信息和业务流信息等）的获取，以坚强、可靠的物理电网和信息交互平台为基础，整合各种实时的生产和运营信息，通过加强对电网业务流的动态分析、诊断和优化，为管理人员展示全面、完整和精确的电网运营状态图，同时能够提供相应的实施方案和应对预案。

1.1.2 内外环境变化对电网运营提出新要求

当前，我国经济正处在从高速到中高速的增长速度换挡期、结构调整阵痛期、前期刺激政策消化期“三期叠加”阶段，电网企业售电量也进入了中低速增长期，经营压力明显增大。另外，国企改革拉开序幕，能源行业变革创新不断深化，新一轮电力体制改革试点加快向前推进，电网企业在改革发展、生产运营和队伍建设等方面面临着新的挑战和考验。这些都需要电网企业在把握发展方向、适应环境变化、超前防范风险等方面超前研判，科学决策，先行一步，赢得主动。

当前，“数据驱动企业创新管理”已成为企业运营管理上的共识，但在相关机制建设和数据共享方面还有待进一步提高。随着各类基础业务信息的不断集中，须解决数据共享和价值挖掘问题，这也是解决目前信息系统重复建设、信息重复录入和重复加工、信息共享程度不高等问题的重要措施。只有解决好上述问题，才能构建数据决策的企业运营新形态，支撑企业长足和高效发展。

1.1.3 新信息技术发展对电网运营提出新要求

全球能源互联网是集能源传输、资源配置、市场交易、信息交互、智能服务于一体的物联网，是共建共享、互联互通、开放兼容的“巨系统”。在这个“巨系统”中，能源转换、传输、消费等过程产生的数据量将会呈几何变化，数据隐藏的价值巨大，开展大数据研究及应用势在必行。一是可促进数据在不同主体间流动、共享、融合、应用，将有助于推动全球能源互联网更好地开展。二是以数据为“敲门砖”，向传统业务渗透，通过为用户提供大数据服务获得经济收益，并结合手机应用程序应用、“互联网＋”安全风险预警、柔性生产、精准营销、智慧服务等新兴大数据应用，实现智能电网的大发展。三是利用大数据技术驱动传统决策向科学决策、分散管理向集约管理转变，拓展数据增值业务，破解发展难题，实现企业创新发展。

大数据、移动互联网等新信息技术已成为传统产业升级和新兴产业发展的核心推动力，直接催生新的管理、运营和商业模式，有助于贯通智能电网的发、输、变、配、用和调六个环节，加强电网、电源、负荷和用户之间的交互，推进专业互联互通和能源流、业务流、信息流三流合一，推动智能电网运营和公司经营管理模式创新，最终实现电网企业由传统运营向智慧运营的转变。

1.2 电网企业智慧运营的内涵

在传统能源与新能源在能源互联网中风云际会的新时代，中国传统的电力能源企业首先需要完成两化融合的“最后一公里”，努力提升数字化运营能力、管理能力和服务能力，以需求侧关怀和客户体验为核心，在新兴的商业生态中与其他伙伴联手推动中国能源产销体系向基础设施互联互通、能源供应和分配形式互换互济、能源数据与商业模式共享共赢的目标前进。新技术应用日趋成熟，为智能电网生产方式和企业运营模式变革带来新的契机。

电网企业智慧运营是指运用传感量测、云计算、大数据、深度学习等先进技术，智能感测、自动整合、分析及挖掘全球能源分布及生产、传输、存储、消费、交易等过程中相关企业的内外部数据，掌握电力能源企业运营环境变化规律及发展态势，宏观上服务于“两个转变”，推进能源转型，微观上优化企业运营资源，提升运营效率和效益，不断增强企业活力、影响力、风险智能响应能力，支撑企业作出科学决策。

智慧运营融合“创新、协调、绿色、开放、共享”五大发展理念，蕴含“理论创新、制度创新、技术创新、文化创新”等思想，运用“以知识为本”的先进管理理念，主动适应全球能源互联网发展变化要求及内外运营环境形势变化，主动服务社会发展、服务发电企业、服务客户，推进公司和电网发展方式两个转变，增强企业运营管理能力，促进企业在社会责任与效率、经济效益之间寻求最佳平衡点。

1.2.1 融入能源互联网发展

全球能源互联网是未来全球能源的发展方向，是保障人类社会可持续发展、促进全球能源优化配置的重要措施。能源互联网涉及能源生产、加工、传输、配送、消费等全产业链。为实现能源互联网参与各方的有序运转，需要实现能源基础设施的互联及能源数据的共享，对能源的有序调度和分配，并进一步满足国家能源生产和消费管理要求，在微观上提升能源用户的满意度；在宏观上，需实现能源的供需平衡和低碳能源结构，提升能源使用效率，最终使经济增长与能耗增长脱钩。

能源互联网是以电网为主体、多种能源互联互通的网络，覆盖生产、传输、转换、消费、存储等整个能源链，参与者多且分散。智慧运营依托大数据、云共享平台，将能源互联网下的能量流、资金流、信息流、价值流“四流”进行有效整合，智能监测、分析全球各国家或地区各类能源的分布、生产、传输、消费等状况，为电网企业发展提供决策依据。

1.2.2 融入智慧城市发展

智慧城市为开创新型城镇化道路提出了一系列政策措施。智慧城市涉及智能楼宇、智能家具、智能电网、食品药品管理、家庭护理、个人健康与数字生活等诸多领域，其中智能电网是未来智慧城市的“大动脉”。智能电网结合最新通信技术，为城市提供便捷、高效的服务，实现低碳绿色生活。现阶段，我国城市化过程中正面临能源存量结构失衡的挑战，如何在能源利用与可持续发展中获得博弈后的平衡，是每一个城市须面临的重要问题。城市智能电网体系建设是实现城市可持续发展的必由之路。

在融入智慧城市发展方面，电网智慧运营须整合国家宏观经济、城市能源供给、气象环境、上网能源、企业运营等信息，并结合智慧城市发展战略，监测国家、地区、城市的能源需求、能源供给、电能等清洁能源替代水平、雾霾、风向变化对雾霾影响程度等情况，努力融入智慧城市发展，降低社会发展成本，提高经济发展质量，促进对新能源的高效开发利用，服务经济社会持续健康发展。

1.2.3 融入企业发展战略

传统的运营模式重视自身的管理，相关的运营数据只限于服务自身管理要求，存在协同运转不顺畅、信息数据支撑共享不足等问题。电网企业信息化快速发展，产生海量的结构化、非结构化、半结构化的数据信息，并且这些数据呈指数型增长。智慧运营重视对大数据价值的挖掘，用数据说话，从而为公司运营管理提供辅助决策支撑。

智慧运营通过业务运营地图和决策分析主题，对企业自身运营开展在线监测分析，反映企业整体运营状况，掌握企业动态发展规律和管理方面的薄弱环节，增强运营监测分析能力。企业运营地图基于网络互联的思想，运用网络分析方法、虚拟现实技术等先进技术，实现从世界看中国、中国看企业、企业看业务、业务看指数等目的。对于电网企业而言，以运营指数作为全局监测视角，可将企业各项业务视为相互联系的有机整体，通过绘制企业业务地图，聚焦业务、流程、指标、明细数据之间的互联互通关系，构建基于业务地图的在线监控体系。

1.2.4 融入先进管理理念

智慧运营须融入先进的管理理念。近年来，电网企业越来越重视将现代企业管理和中国传统哲学有效结合，构建适应自身发展的管理理念，以指导企业运营的管理与变革。能源互联网发展不是一个单纯的技术问题，涉及电网企业的业务流程和管理模式。在考虑能源互联网发展时，电网企业的业务变革和管理变革要先行一步，首先要对电网企业的业务流程进行梳理，其次要改变电网企业金字塔形的组织结构为扁平化、柔性化的组织结构。电网企业的发展与改革，既是适应电网发展方式的转变和公司发展方式的转变的必要措施，也是融入与技术发展相适应的现代管理理念的必然结果。

智能电网会充分利用企业运营管理数据和成果，将各输电公司的经营绩效与实践进行对比，寻找和总结在输电网运营与风险控制方面的最佳实践，从可靠性、成本投入(生产效率)两个方面实现对设备运行维护的综合绩效分析，引导企业关注投入产出比，更加注重效率和效益，寻找改进管理、提升企业绩效的有效方法和途径。所有这些智能电网带来的技术变革，对传统管理理念、管理思想以及管理方法和手段而言都将是一场深刻革命，是由传统电网管理时代向智能化电网管理时代发展的质的飞跃，是实现以信息化带动电力工业现代化的有益实践。

1.2.5 融入先进信息技术

智慧运营离不开先进的信息技术的支撑。它需要完成企业运营内外部宏观环境数据、能源交换数据、设备交换采集数据、企业运营数据的收集，并通过数据共享平台进行整合、计算、分析与挖掘，掌握运营管理的变化态势和规律，支撑运营科学决策、智慧决策，以达到对整个电力系统的优化管理。大数据、人工智能、互联网思维等现代信息技术和管理方法符合智慧运营的应用特点，必将成为推动能源互联网发展背景下电网企业智慧运营的重要支撑力量。

电网企业智慧运营将依托智能化运营平台，建立"一个中心、两类数据、三层应用"的一体化智能分析体系架构。"一个中心"是以企业内外部数据中心为底层技术依托，"两类数据"是收集、存储、分析、管理最基础的明细数据和实时数据，"三层应用"是形成满足操作层、管理层和决策层的三层辅助决策分析应用。电网的智慧化体现为能够全面、及时地掌握电网运行的信息，并作出快速的反应。这就要求智慧运营信息系统充分利用现代计算机技术，建设一体化、柔性化、虚拟化的信息平台，实现业务应用的自动化、智能化。大数据、云计算等现代计算机技术和现代管理方法都非常符合其应用特点，它们必将成为未来智能电网的核心和灵魂，为电网的智慧化运营提供技术支撑。

1.3　企业智慧运营的内容

1.3.1　运营管理新理念

电网企业智慧运营须融入先进的运营管理理念。在新环境中，企业的知识资源是创新的源泉，知识及知识的主要载体——人员在生产和服务的过程中起着越来越重要的作用。企业管理要求围绕企业的人员及知识展开，企业管理理念需要从工业经济时代的以物为本向新环境下的以人为本、以知识为本转化。数据是企业知识资源的基础，是企业管理创新的推动力。应秉承"用数据说话、用数据决策、用数据管理、用数据创新"的管理理念，有效挖掘大数据价值，实现由"死"的数据资源向"活"的信息资源的转化，从而让智慧企业更"智慧"。

1.3.2　运营管理组织定位

电网企业业务复杂、流程多样、变化快，智慧运营须进行相应的组织变革，实现运营管理组织的柔性化。一是要研究并制定企业系统信息、通信统一管理模式，努力提高工作效率和管理水平；优化组织结构，建立横向协同、纵向贯通、运转高效的组织体系和管理体系；优化各项工作流程，强调不同专业之间的资源共享、信息互通。二是要建立智慧运营监测中心，以第三方视角开展能源及企业运营监测监督、预警分析，发现管理上的问题，防范运营风险。通过融合先进的运营理念和信息技术，整合能源数据、企业运营数据，实现对能源的监测、监管，以适应能源结构转型和低碳化发展趋势；同时，在能源开采、生产、加工、运输和消费的全过程，全面贯彻节能减排的要求。

1.3.3 智慧运营的数字化基础

电网企业智慧运营须完成数据采集、整合、分析挖掘及应用等重要工作，其中企业运营数字化是实现企业智慧运营的重要基础。数字化运营以智能化硬件设施为基础，以智能化软件设施为手段，一是运用先进智能传感器、同步相量测量术、电力电子器件等完成基础设施互联互通，为能源数据采集提供支撑，构建企业数字化的网络环境。二是将企业管理、运营的相关业务进行数字化，实现业务流、信息流、资金流、能源流“四流”合一，其主要方式是通过引进或自主研发企业资源计划(ERP)、客户关系管理(CRM)、供应链管理(SCM)等软件，实现企业的科学管理。如国家电网公司、中石化等企业，均采用了ERP等相关成熟软件，提升了运营管理水平。海尔集团近年来为助力海尔电商时代的数字化转型，提出了新的数字化企业发展战略，借助大数据、云计算、物联网、移动互联、智能制造等技术，紧紧围绕用户需求，从战略规划到智能制造，从产品体系到客户服务，从运营管理到创客平台，打造了一个具有国际领先水平的数字化企业，构建了一个数字化时代全新的企业生态体系。

1.3.4 智慧运营战略地图

战略是企业的安身立业之本，企业要实现战略转型，就必须全面分析企业生存环境、现状及发展前景，明确企业使命、愿景及核心价值观，促进其业务与先进技术的有效融合，系统性地构建企业战略地图。当前，在能源和电力需求增长的驱动下，构建网架坚强、广泛互联、高度智能、开放互动的全球能源互联网，加快建立清洁环保、安全可靠、经济高效、服务优质的现代能源供应体系，已成为现代电网企业发展的共同战略目标。电网企业发展应结合自身发展现状，以企业管理数字化为基础，从整体电网可靠性、广泛性、开放性、智能化、多元化等维度出发，全方位绘制企业运营战略地图，实现企业经济效益提升及资源优化配置，从而更好地支撑经济社会发展。

1.3.5 智慧运营业务地图

电网企业在加强专业垂直运营管理的同时,也造成了跨专业、跨流程、跨系统管理协同等问题,影响了企业运营管理整体效益及效率。运营业务地图着眼于企业整体发展目标,整合公司所有业务,着力解决企业运营中的协同、效率及效益问题,为企业发展提供数据决策依据。一是建立企业运营监控评价体系,多维度、多层级地反映企业运营状况,发挥运营指数引领作用,通过运营指数看公司整体,专业综合指数看部门,地市综合指数看基层单位,分类指数看企业电网建设、企业运营、客户服务及队伍建设,全视角展现企业整体运营状况。二是基于业务明细数据在线开展监测分析,客观真实地反映企业实际运营状况,建立指标与明细数据间的关联关系,通过层层穿透和关联追溯,准确定位企业弱势指标和管理短板,促进企业同业对标、业绩考核等核心指标的提升。三是提升发现问题、分析问题、解决问题的能力,更好地服务于企业领导决策。

1.3.6 智慧运营数据地图

智慧运营的系统构建、智能决策依赖于数据的质量。对数据的有效管理,能提升智能化运营能力和水平。通过健全数据管理的组织体系,明确数据生产、数据保障、数据管理、数据使用的职责分工,促进了公司信息的互联互通。结合业务需求,使用“面向服务”的方法建立信息模型、业务知识模型和服务模型,把数据和应用结合到一起,方便解决信息交流问题,完成信息发布、知识抽取和应用集成,为智慧运营数据挖掘、分析和应用奠定了基础。通过定义数据资源框架、构建运营监测数据台账,进行业务溯源、系统溯源,形成数据地图,体现运营数据的业务背景、业务关联关系、计算逻辑、数据产生源头及更新周期等整个运营数据流程的详细信息,形成了一套结构清晰、覆盖全面的数据资源统一视图,直观、详尽地展示数据资源在其流程各环节的状态,强化了运营数据流程管理能力,并为后续的数据监控、评估与改进等工作奠定了基础。

1.3.7 智慧化运营平台

智慧化运营平台是实现企业智慧运营的核心内涵,其主要基于大数据平台,构建统一的大数据应用中心,实现基于大数据的智慧决策。主要包含如下几个方面。

1.3.7.1 统一数据中心建设

基于云计算、大数据、物联网等新信息技术，整合电网企业内外部有效资源，构建企业全业务统一的数据中心，提供集数据整合、交换、应用功能于一体的共享平台，为企业运营提供相关数据支撑，提升企业数据共享能力，促进跨专业的业务协同，助力企业智慧运营发展。

1.3.7.2 预警与监测

围绕电网企业核心业务活动与资源，通过构建监测模型、梳理指标体系、设定指标阈值等方式，对企业内外部环境、核心资源、业务绩效和流程绩效等进行 24 小时在线动态监测，及时发现企业运营过程中的异动和问题并自动预警。

1.3.7.3 统一分析应用服务

根据所选主题业务，以统一数据中心的数据为基础，结合数据接口服务、分析挖掘服务、可视化服务等自助式服务功能，经过数据采集、数据预处理、统计分析、模型构建、可视化等过程，转化为直观易懂的图表或者分析报告，形成满足企业决策层、管理层和操作层的三层辅助决策分析结果，并实现决策应用的有机连接，促进各系统平台的有效运行、管理协同，实现风险识别的自动化和决策智能化，快速有效地支撑企业开展业务。

1.3.7.4 安全管理

针对系统建设存在的隐私保护、存储安全、权限控制等安全风险以及对数据安全的高要求，除研发、集成隐私保护机制及增强存储安全等功能之外，制定与数据安全相关的标准和规范，从技术和规范两个层面确保业务系统数据的安全性。通过改进数据销毁模式、透明加解密、访问控制、数据审计等技术，突破隐私保护和推理控制、数据真伪识别和取证、数据持有完整性验证等技术，完成从数据采集到应用的全过程监控。

第2章　智慧运营的理念

当今世界，无论是经济层面、技术层面还是社会层面，人与人之间、组织与组织之间都已经紧密联系在一起，构成了一个互联网世界。以数字化为代表的新信息技术革命，有效地促进了传统产业的升级改造和资源优化配置，未来以数字为载体的智慧化应用将渗透到社会、经济、生活的各个角落。

2.1　对运营管理的理解

美国学者理查德·B. 蔡斯(Richard B. Chase)等人提出，运营是指设计、运作和提升有关制造和提供产品及服务的系统。美国运营管理协会认为，运营是应用设计工程、工业工程、管理信息系统、质量管理、生产管理、库存管理、会计和影响机构运作的其他职能或概念，对生产或服务机构进行有效的规划、利用和控制。美国学者罗杰·G. 施罗德(Roger G. Schroeder)提出，运营是组织供应产品或服务的业务活动，通过运营决策和流程管理，可以以最低的成本为客户提供价值。美国学者威廉·J. 史蒂文森(William J. Stevenson)提出，运营管理是对生产产品或提供劳务的系统或流程的管理，运营影响企业竞争力和国家的国际竞争力。

综合而言，运营管理就是对企业生产运营过程进行的计划、组织、实施和控制，包含供应链与物流管理、生产管理、服务管理等一系列管理活动，是与企业生产产品和提供服务密切相关的各项管理工作的总和。企业运营管理的对象是运营过程和运营系统。运营过程是一个投入、转换、产出的过程，是一个劳动或者价值增值的过程，是运营的第一大对象。运营必须考虑如何对这样的生产运营活动进行计划、组织和控制。运营系统是上述变化过程得以实现的手段。它包括一个物质系统和管理系统。运营管理的主要目标涉及质量、成本、时间和服务的柔性(灵活性、弹性、敏捷性)，它们是企业竞争力的根本源泉。运营管理的任务是快速、高效、优质、准时地向社会和用户提供所需的产品和服务。

2.2 运营管理的发展

运营管理的发展可概括为科学管理时期、行为科学时期与管理科学、运营管理时期、精益生产时期和21世纪以来的运营管理五个主要阶段。

2.2.1 科学管理时期

20世纪初期，以泰勒为代表的经济学家们创立了科学管理原理，给工厂管理带来巨大变化。泰勒认为，雇主与员工的真正利益是一致的，只有最大限度地提高生产率，同时实现雇主和雇员的财富最大化，才能永久地实现社会财富的最大化。泰勒的科学管理原理的精髓在于：①对现有工作方法进行详细的观测、分析和改进；②建立在方法研究基础上的差异计件工资制；③根据工作性质的不同科学地挑选并培训工人；④设立计划部门，负责合同管理、方法研究与标准化建设、进度安排、成本分析、业绩考核与工资发放及纪律检查等管理职能。泰勒制度强调的是最大限度地提高生产率，实现整个社会财富的最大化，但是其思想并不总是受到工人欢迎。

2.2.2 行为科学时期与管理科学

科学管理十分强调运营系统规划与设计以及运行与控制的技术因素，而人际关系学说则强调“人”这一因素的重要性。20世纪20～70年代，美国和欧洲学者创建了运筹学与管理科学，使运营管理真正建立在定量分析基础之上。

2.2.2.1 行为科学

其中包括比较著名的“霍桑试验”、需求层次理论、人性假设的X理论与Y理论。1924～1932年进行的“霍桑试验”得出了三个重要结论：①工人是社会人而不是经济人；②社会和心理因素对效率有更大的影响；③组织应重视工作团体中非正式组织的存在。“霍桑试验”的研究成果为行为科学的发展奠定了基础，也为运营管理注入了新的元素。

2.2.2.2 管理科学

数量模型的提出和应用促成了管理科学的发展，推动了工厂的发展。从1915年哈里斯提出第一个模型——库存管理的数学模型之后，美国、欧洲的众多数学家、经济学家、心理学家相继提出了各种数学模型和理论，如统计过程控制的质量管理模型、规划论、对策论和排队论等，促进了运筹学的创立和发展。

2.2.3 运营管理时期

20 世纪 50 年代末到 60 年代初，不同于在工业工程和运筹学领域的研究，专家们开始研究运营管理方面的问题。他们注意到生产系统的重要性。此外，他们更强调排队论、仿真和线性规划在运营管理中的具体应用。自此以后，运营管理作为一门独立的学科出现在公众的视野中。

2.2.4 精益生产时期

20 世纪 70 年代，全球石油危机及原材料价格上涨、工资提高和需求多样性给许多公司带来巨大压力。为了迎合市场的需求，日本丰田公司运用了精益生产方式，其内涵在于：①以顾客需求为出发点的模块化产品设计与开发；②准时化生产；③稳定快捷的供应链；④多功能团队活动与持续改进。精益生产方式使丰田公司在全球汽车市场上占据主导地位。

2.2.5 21 世纪以来的运营管理

进入 21 世纪以来，产品生命周期的缩短、科学技术的长足发展和社会需求的快速变化给企业带来了前所未有的压力。如何高质量、低成本地满足顾客的确多样化需求是企业面临的现实问题。在这种背景下，大规模定制应运而生。大规模定制是精益生产方式的升华，综合了大量生产和精益生产两者的优点。大规模定制得以实现的核心技术是模块化与延迟策略，通过这两项技术，本来相互对立的大规模生产与满足顾客的定制化需求被统一在一起。大规模生产是模块化设计的组件，通过延迟策略，最大限度地满足了顾客的定制化需求；而使大规模定制真正落到实处的是：①以顾客需求深度调查为基础的客户关系管理；②以最先进的信息技术为支撑的电子商务；③以价值链为核心的供应链管理；④基于流程优化或者流程再造的精益六西格玛理论。

2.3 运营管理理论

2.3.1 组织行为学相关理论

随着经济的快速发展，企业面临着更加激烈的市场竞争，由此带来的压力不仅体现在组织外部的环境方面，也反映在组织内部的管理中。首先，企业的用人理念发生了较大变化，许多企业已经认识到员工才是企业的财富，才是企业的主体。其次，企业管理高层科学地掌握和运用组织行为学的激励理论，对于调动员工潜在的积极性，最大限度地发挥人力资源优势，具有十分重要的意义。

2.3.1.1 组织行为学的起源及定义

组织行为学是研究组织中人的行为与心理规律的一门科学。它是行为科学的一个分支，自身又有许多分支，如企业组织行为学、学校组织行为学、医院组织行为学、军队组织行为学等。目前，对企业组织行为学的研究较多、应用较广。因此，人们常把组织行为学与企业组织行为学等同看待。

1927～1932 年，埃尔顿·梅奥（Elton Mayo，1880～1949 年）、罗特利斯伯格（F. J. Roethlisbeger，1898～1974 年）等人在西方电气公司的霍桑工厂进行的著名试验对组织行为学的发展具有重大影响。早在 1924～1927 年，美国国家研究委员会就与西方电气公司合作开展了一项研究，以确定照明和其他条件对工人和生产率的影响。结果显示，无论是增强还是减弱照明，试验小组的生产率都有提高。在研究人员打算宣布整个试验失败之时，哈佛大学的埃尔顿·梅奥却看出某些不寻常的东西，他便和罗特利斯伯格等人继续研究。他们尝试改变试验小组的照明度、延长休息时间、缩短工作日和改变有鼓励性的工资制度，但这些似乎都不能解释生产率变化的原因。于是，梅奥和他的研究人员作出结论：生产率的提高过程中，有一些社会因素在起作用，如士气、成员之间和谐的关系（一种归属感）以及有效的管理。这一类的管理工作要求了解人的行为，特别是集体行为，并且通过激励、劝导、领导和信息交流等方式开展管理工作。上述试验小组所表现出的情况，基本上是因“受人注意”而引起的，这被称为“霍桑效应”。

梅奥及早期人际关系学家提出了许多关于组织中人的行为的概念，其中引人注目的结论包括：①企业组织不仅是一个技术一经济系统，而且是一个社会系统；②个体不仅受到经济奖励的激励，而且受各种社会环境和心理的影响；③企业中存在着“非正式组织”；④强调“民主”而不是“独裁”的领导模式；⑤强调参与管理，重视在组织各层次之间建立有效的沟通渠道；⑥管理者不仅需要有效的技术才能，而且需要有效的社会才能；⑦可以通过满足某种社会一心理需要来调动组织成员工作的积极性。

梅奥等人提出的“人际关系理论”，成为行为科学研究的先声。从此，更多的管理学者、专家关注并致力于对人的行为的研究，自然科学和社会科学方面不断取得的成果又加快了对该问题的研究进程，从而使行为科学这一新兴学科在 20 世纪 40 年代末至 50 年代初正式形成。1949 年，在美国芝加哥大学召开的一次跨学科的讨论会上，提出了“行为科学”的概念。1953 年，美国福特基金会邀请一些大学的著名学者研讨后，正式把这门综合性极强的学科定名为“行为科学”(Behavior Science)。行为科学是凭借心理学、社会学、人类学及其他一切与人的行为有关的学科(如政治学、历史学、教育学、生物学、医学、宗教学等)的理论来研究人的各种行为,因而是一门综合性很强的科学,是由相关学科组成的学科群,心理学是其形成的一块重要基石。行为科学的产生和发展促成了行为科学学派的形成。到 20 世纪 60 年代之后,行为科学进入组织行为的研究阶段,60 年代末开始形成组织行为学。进入 80 年代,组织行为学又分为宏观组织行为学和微观组织行为学。宏观组织行为学来源于社会学、政治学、经济学,探讨在一定社会经济背景下的组织结构、组织设计和组织行为;微观组织行为学来源于心理学,研究个体行为、态度、动机与组织系统之间的相互影响。

关于组织行为学的定义有很多,美国学者斯蒂芬·P. 罗宾斯(Stephen P. Robbins)认为,组织行为学是一个研究领域,它探讨个体、群体以及结构对组织内部行为的影响,以便应用这些结论来改善组织的有效性。

2.3.1.2 组织行为学研究的对象

众所周知,市场经济的一个重要特征是充满竞争,而竞争归根结底是人的竞争,是人的素质的竞争,换句话说,是人的心理活动和行为的竞争。因此,现代企业管理的一个显著特点是“以人为中心”。如果一个企业中员工的素质不高,或者员工的积极性未被调动起来,那么,这个企业中的资金、土地、原料、设备、信息等物质因素都不能实现其真正价值。虽然机器人的出现和电脑的普及会代替一部分人的工作,但是脑力劳动者比例随之增高是一个人人皆知的事实。据统计,在以手工操作为主的企业中,体力劳动者与脑力劳动者的人数比例是 9∶1;在中等机械化程度的企业中,这个比例是 6∶4;在自动化企业中,这个比例是 1∶9。随着脑力劳动者比例的不断增高,人的作用越来越显示出不可替代性。而且,体力劳动者与脑力劳动者的心理活动与行为均有较大差异,因此管理者掌握必要的组织行为学知识与技能势在必行。

2.3.1.3 组织行为学的研究方法与模型

(1)研究方法

传统组织行为学家关心的是组织理论内部的逻辑一致性,即设法保证得出的结论是从一系列数据中合乎逻辑地推衍出来的,在大多数情况下,这些数据来自实验室实验,而不是来自现实的组织及其行为。20 世纪 30 年代至 70 年代末,这种实验室研究方法在组织行为研究中颇为盛行。但到了 70 年代末至 80 年代初,以实验室实验为基础的传统方法论体系受到质疑和挑战。人们认为由这种方法得出的结论并不适合现实的组织,理论脱离实际,由此引发了组织行为学研究方法转向外部有用性的体系。这种以现实有效性为基础的研究方法面向现实的组织，强调研究的现实意义，由此发展了一种直接与现实组织相联系的概念模型和研究方法。具体研究方法除了实验室实验或现场实验等传统方法外，还包括经验总结法、观察法、测验法、研究者与实践者相互参与的准实验方法、案例比较法、现场研究法等。

●经验总结法。这是研究者根据实际工作者的经验，用组织行为学的理论和知识进行归纳、总结的一种研究方法。优秀企业家和管理者在实践中积累了丰富的管理经验，他们的管理经验一经媒体传播会产生很大的社会影响；但由于他们缺乏管理理论，包括组织行为学的知识，其经验有一定的局限性，有时缺乏普遍意义和推广价值。这就需要组织行为学家与他们合作，开展咨询活动，从理论上提高他们的经验，使之科学化，总结后再加以推广。

●实验法。这是研究者有目的地在严格控制的环境中或创造一定条件的环境中，诱发被试者产生某种心理现象或行为，以研究人的心理活动规律和行为规律的一种方法。按实验地点的性质可分为实验室实验法和现场实验法。

●现场研究法。现场研究是在现有组织的环境范围之内进行的研究，通常与实际工作者合作共同完成。现场研究所用资料包括观察者记录的组织成员的行为、组织成员填写的问卷、谈话记录或录音、书面文件、各种有关产量和质量的报表等。

现场研究也包括研究者出于研究目的的挂职行为。研究者通常以某一层次的真正管理者的身份出现，参与企业的某些实际管理过程，从而在管理一线超前识别并解决管理过程中的组织行为问题。

●案例比较法。案例研究是对一个组织进行的详尽分析。案例比较法是将若干案例比较后得出一般性的结论。这种方法在于认识和描述不同组织结构中的基本相同点。对这些相同点的收集和分析可以产生一些能够作为预测未来发展的工具而应用于其他类似的或可比较情景的一般结论。可见，案例比较法有其广泛的实用价值。

上述各种方法都有可能要结合使用测验法，即采用标准化的心理量表研究组织行为规律的一种方法。

(2)研究层面

组织行为学从三个层面研究一定组织中的人的行为：

●个体水平。主要研究个性特征、知觉、价值观和态度以及能力对个体行为的影响。

●群体水平。主要研究沟通模式、领导方式、权力和政治、群体间的关系和冲突如何影响个体和群体行为。

●组织水平。主要研究正式组织的设计、技术和工作过程、组织文化、工作压力水平等对个体、群体和组织行为的影响。

2.3.2 人力资源管理理论

在企业管理强调“以人为本”的今天，对人力资源的开发和利用越来越受关注。人力是组织中最重要的资产，人力资本是新经济时代中价值创造的基础。人力资源管理是供电企业生存和发展不可或缺的有机组成部分。供电企业绝大部分的人都在基层班组工作，班组是供电企业里最直接的生产单位和最基层的管理单位，也是对员工进行思想技术教育、提高职工素质的前沿阵地。班组工作的好坏左右着企业的命脉。因此，研究人力资源管理在班组建设中就显得非常重要。

2.3.3 人性假设理论

人性问题是管理心理学的重要研究领域，因为制定什么样的管理制度，采用什么样的管理方法，建立什么样的组织结构，都与如何看待人性问题有关。美国著名管理心理学家、麻省理工学院教授麦格雷戈认为，每一个管理决策或每一项管理措施的背后，都必然有某些关于人性本质及人性行为的假设。因此，人性假设理论是人力资源管理的主要理论基础之一，是企业进行人力资源管理的出发点和依据。麦格雷戈经过长期研究后，在 1957 年 11 月的美国《管理评论》杂志上发表了《企业中人的方面》一文，提出了著名的“X 理论—Y 理论”。

2.3.3.1 X 理论

麦格雷戈把传统的管理观点叫作“X 理论”。X 理论的主要内容是：

(1)多数人天生是好逸恶劳的，工作对他们而言是一种负担，毫无享受可言。只要有机会，他们就会尽可能地偷懒，逃避工作。

(2)大多数人都没有雄心壮志，没有为之奋斗的大的目标，也不喜欢负什么责任，而宁可让别人领导自己。他们缺乏自信心，把个人的安全看得很重要。

(3)大多数人的个人目标与组织目标都是相互矛盾的。为了达到组织目标，必须靠外力严加管制，必须用强迫、指挥、控制及处罚威胁等手段，使他们作出适当的努力去实现组织的目标。

(4)大多数人都是缺乏理智的，不能克制自己，只凭自己的感觉行事，很容易受别人的影响，而且容易安于现状。

(5)大多数人都是为了满足基本的生理需要和安全需要而工作的，所以他们将选择那些在经济上获利最大的事去做，而且他们只能看到眼前的利益，看不到长远的利益。

(6)人群大致分为两类，多数人符合上述假设，少数人能克制自己，这部分人应当负起管理的责任。

X理论对应的管理模式即强势管理：假设你的下属逃避责任、不愿意动脑筋，甚至很讨厌上司给他分派工作，这就需要一种强势管理。这种强势管理可以对员工产生约束力，提高企业生产效率。

2.3.3.2 Y理论

实践证明，以X理论为前提的管理模式易损害人才创造性和奉献精神，因而很多人质疑X理论是建立在错误因果概念的基础上的。因此，与X理论消极的人性观点相对照，麦格雷戈又提出了一个新的Y理论。其主要内容是：

(1)一般人都是勤奋的，并不是天生就不喜欢工作，工作对体力和脑力的消耗对他们而言就像游戏和休息一样自然。对有的人来说，工作可能是一种满足自我的方式，因而他们自愿去执行；而对另外的一些人来说，工作可能是一种处罚方式，因而只要存在可能他们就想逃避。到底怎样，要看环境而定。

(2)外部控制、惩罚和威胁并不是使人们为组织目标奋斗的唯一手段；没有人喜欢外来控制和惩罚。它甚至是一种威胁和阻碍，并阻挡了人前进的脚步。

(3)人的自我实现要求和组织要求之间是没有矛盾的。如果给人提供适当的机会，就能将个人目标和组织目标统一起来，这时个人的积极性就大得多了。

(4)人类不仅是经济人，还是社会人。人在追求自我满足的同时，不仅学会了接受职责，而且学会了主动承担职责。一般而言，每个人不仅能够承担责任，而且会主动寻求承担责任。逃避责任、缺乏抱负以及强调安全感，通常是经验的结果，而不是人的本性。人总希望自己在工作中取得成就及成功。

(5)大多数人都有一种实现自我、发挥自己潜能的欲望，这样在解决组织的困难时，就会积极发挥想象力、聪明才智和创造性，充满活力。在现代工业背景下，一般人的智力潜能只是部分地得到了发挥。只要管理者给他们一定的条件和环境，对他们进行激励，他们就会发挥很大的作用。

(6)激励人的最好办法是满足他们的成就感、自尊感和自我实现感等高层次的需求;而且,激励在每一个阶梯上都在起作用。

Y 理论对应的是参与管理。如果你的下属愿意接受任务,也喜欢发挥自己的潜力,喜欢有挑战性的工作,作为一名管理者,你应该给这样的下属一些机会,让他们参与管理。以下这个例子也说明了这一点。

著名的美国将军艾森豪威尔是第二次世界大战中盟军的指挥官。在诺曼底登陆以前,一次他在英国打高尔夫球,新闻记者采访他:“前线战事紧急,您怎么还有心情在这里打球啊?”艾森豪威尔说:“我不忙,我只管三个人:大西洋有蒙哥马利,太平洋有麦克阿瑟,喏,在那边捡球的是马歇尔。”其实艾森豪威尔手下有百万大军,诺曼底登陆也是事关重大,是“二战”的转折点。难道他真的只管三个人吗? 不是。他是懂得让下属参与管理。当然,在让下属参与之前,先要启发、教育他们,培养他们的能力,在他们有了一定的能力之后再让他们参与管理。

2.3.3.3 Z 理论

Z 理论是由日裔美国学者威廉·大内提出的,其在 1981 年出版的《Z 理论——美国企业界怎样迎接日本的挑战》一书中,对该理论作了详细的论述。Z 理论的主要研究对象是人与企业、人与工作的关系。其主要观点是:所有企业的成功都离不开信任、敏感与亲密,因此他主张以坦白、开放、沟通作为基本原则来实行“民主管理”。Z 理论是关于在企业中的人与人之间建立信任、亲密关系的一种学说,它反映了典型的东方式企业管理方式——看重人际关系。其精华思想在于关心人、理解人、相信人、尊重人和培养人。企业关心员工,员工也就会关心企业,从而营造积极的氛围,实现员工目标与企业目标的一体化。

2.3.4 激励理论

激励理论是指通过特定的方法与管理体系,实现员工对组织及工作的承诺最大化的过程。激励理论是关于如何满足人的各种需要、调动人的积极性的原则和方法的概括总结。激励的目的在于激发人的正确行为动机,调动人的积极性和创造性,以充分发挥人的智力效应,做出最大成绩。

内容型激励理论主要研究激励的原因和起激励作用的因素。最典型的内容型激励理论有马斯洛的需求层次理论、阿尔德弗的 ERG 理论、赫茨伯格的双因素理论、麦克利兰的成就激励理论。

2.3.4.1 马斯洛的需求层次理论

马斯洛需求层次理论,亦称“基本需求层次理论”,是行为科学的理论之一，由美国心理学家亚伯拉罕·马斯洛在《人类激励理论》中提出。马斯洛将需求分为五种，像阶梯一样从低到高，按层次逐级递升，分别为生理需求、安全需求、社交需求（情感和归属的需求）、尊重需求、自我实现需求。具体如图 2-1 所示。

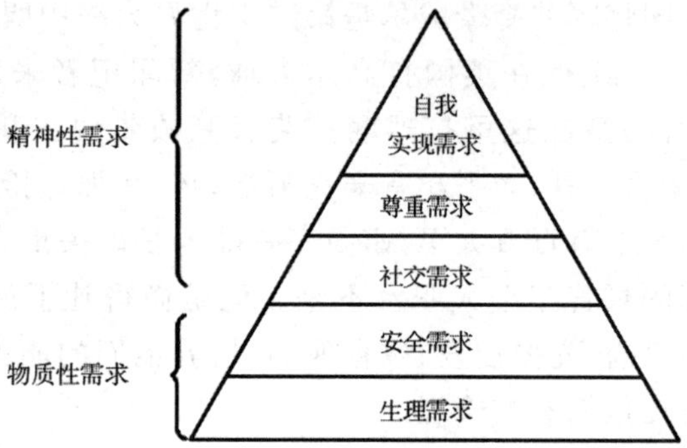

图 2-1　马斯洛需求层次模型

安全需求包括人身安全、健康保障、资源所有性、财产所有性、道德保障、工作职位保障和家庭安全需求。马斯洛认为，整个有机体是一个追求安全的机制，人的感受器官、效应器官、智能和其他能量主要是寻求安全的工具，甚至可以把科学和人生观都看成满足安全需求的一部分。当然，当这种需求相对满足后，也就不再成为激励因素了。

社交需求（情感和归属的需求）这一层次包括对以下事物的需求：友情、爱情、亲情、性亲密。人人都希望得到他人的关心和照顾。感情上的需要比生理上的需要来得细致，它和一个人的生理特性、经历、教育、宗教信仰都有关系。

尊重需求包括对以下事物的需求：自我尊重、信心、成就、对他人尊重。尊重的需要又可分为内部尊重和外部尊重。内部尊重是指一个人希望在不同情境中有实力、能胜任、充满信心、能独立自主。内部尊重就是人的自尊。外部尊重是指一个人希望有地位、有威信，受到别人的尊重、信赖和高度评价。马斯洛认为，尊重需求若得到满足，能使人对自己充满信心，对社会满腔热情，体验到自己活着的用处和价值。

自我实现需求包括对以下事物的需求：道德、创造力、自觉性、问题解决能力、公正度、接受现实的能力。这是最高层次的需要，到达这个层次后，个人发挥自身能力到最大程度，接受自己也接受他人，解决问题的能力增强，自觉性提高，善于独立处事。也就是说，人必须干称职的工作，这样才会使他们感到最大的快乐。马斯洛提出，为满足自我实现需求所采取的途径是因人而异的。自我实现需求是努力实现自己的潜力，使自己越来越成为自己所期望的人物。

需求层次理论中的五类需求，依次由较低层次到较高层次排列。五种需求像阶梯一样从低到高，按层次逐级递升，但这样的次序不是完全固定的，可以变化，也有种种例外情况。需求层次理论有两个基本出发点：一是人人都有需求，某层次的需求在获得满足后，另一层次的需求才出现。二是在多种需求未获得满足前，首先要满足迫切需求的部分，后面的需求才显示出其激励作用。一般来说，某一层次的需求相对满足了，就会向高一层次发展，追求更高层次的需求就成为驱使行动的动力。相应的，获得基本满足的需求就不再是一种激励力量。五种需求可以分为两级，其中生理上的需求、安全上的需求和感情上的需求都属于低一级的需求，这些需求通过外部条件就可以满足；而尊重的需求和自我实现的需求是高级需求，它们要通过内部因素才能获得满足，而且一个人对尊重和自我实现的需求是无止境的。同一时期，一个人可能有几种需求，但每一时期总有一种需求占支配地位，对行为起决定作用。任何一种需求都不会因为更高层次需求的发展而消失。各层次的需求相互依赖和重叠，高层次的需求发展后，低层次的需求仍然存在，只是对行为影响的程度大大减小。

2.3.4.2　阿尔德弗的 ERG 理论

阿尔德弗的 ERG 理论认为，人的核心需求是：①生存需求（existence）。这是人类最基本的需求，包括生理上和物质上的需求，相当于马斯洛提出的生理需求和安全需求。②关系需求（relatedness）。这是指与他人进行交往和联系的需求，相当于马斯洛提出的社交需求和尊重需求中的他人尊重部分。③成长需求（growth）。这是指人们希望在事业上有所成就、在能力上有所提高，不断发展、完善自己的需求，相当于马斯洛提出的自我实现需求及尊重需求中的自我尊重部分。

生存需求得到满足后，依次产生关系需求和成长需求。这部分与马斯洛的需求理论基本一致。但是，阿尔德弗提出人的需求还包含挫折一倒退因素。也就是说，如果高层次的需求不能得到满足，那么他的低层次的需求就会变得更加强烈。或者说，挫折可以使个人从高层次需求倒退回低层次需求。

根据马斯洛和阿尔德弗的理论，为了调动员工的工作积极性和主动性，管理者必须明确员工的哪些需求没有得到满足，员工最希望得到满足的是哪些需求，再有针对性地满足这些需求，才能最大限度地刺激员工的积极性。

2.3.4.3 赫茨伯格的双因素理论

20世纪50年代后期，心理学家弗雷德里克·赫茨伯格提出了双因素理论，又称“激励—保健理论”。

赫茨伯格等人对200名工程师和会计师进行了询问调查，询问在工作中哪些因素是让他们感到不愉快的，哪些因素是让他们感到愉快的。调查结果表明，不满意的因素多与受访者的工作环境有关，而满意的因素一般是由工作本身产生的。

根据调研结果，赫茨伯格把对员工产生影响的因素分为两种：激励因素和保健因素。激励因素是指那些可以使员工感到非常满足的因素，包括工作富有成就感，工作本身具有强烈的挑战性，努力地工作可以得到认可，并带来更多的责任和更好的个人成长空间等。保健因素是指那些会使员工感到不满意的因素，包括公司的政策、工作环境、工资、地位、安全等。

赫茨伯格还提出，激励因素和保健因素对人的作用方式完全不同。改善保健因素可以降低员工的不满意度，但不能增加满意度、激发工作积极性。而激励因素能提高员工的满意度，对员工的行为动机具有积极的促进作用。正确地运用激励因素，可以有效地提高员工的劳动生产率。

双因素理论对企业的启示是：激励是现代企业管理的重要环节。对员工进行激励时必须注重对多种激励方式的综合运用，将物质激励和精神激励有机结合起来。物质需求是人的第一需求，合理而富有竞争力的薪酬制度是企业激励职工、留住人才的基本策略。同时，企业更要注重精神激励的重要作用。

双因素理论对管理实践具有重要的借鉴意义，但也有其局限性。

首先，赫茨伯格调研的取样范围不具有普遍的代表性。他的调研对象是工程师、会计师。对同一事物，不同职务、不同社会地位的人，其看法会有较大的差别。所以这个调研结论几乎不能代表普通工人、蓝领技师的意愿。例如，我国现在的农民工受现实条件限制，不可能认同“工资”是一种保健因素。

其次，赫茨伯格没有考虑时间因素。随着时间的变迁，人们对某一事物的看法会发生很大的变化。他认为，社会各个阶层在任何时代对同一事物都有相同的认识，这种看法是不客观、不正确的。

所以，对一个管理者来说，必须具体问题具体分析，只有明确激励因素、保健因素的具体内涵后，才能制定出积极有效的激励措施。

2.3.4.4　麦克利兰的成就激励理论

麦克利兰的成就激励理论的主要内容是：在人的生存需求基本得到满足的前提下，人的最主要的需求有三种，即：成就需求、权力需求、友谊需求。成就需求指根据适当的标准追求卓越、争取成功的一种内驱力。权力需求是指影响和控制别人的一种欲望或驱力。友谊需求是指人们寻求他人接纳和获得友谊的欲望，或获得他人赞同的欲望。成就需求的高低对个人和组织都起着特别重要的作用，因此这个理论通常被称为"成就激励理论"。

在现实生活中，成就需求高的人倾向于接受难度适中的任务；成就需求低的人担心失败，会回避这样的任务，喜欢较容易的任务或非常难的任务（因为这时的失败显然不是他们的错）。因此，应根据个人的成就需求的高低，安排合适的工作任务，使成就需求高的人负责具有挑战性并有可能成功的任务，成就需求低的人负责较容易的任务。激发员工争取成功的内驱力，形成对员工完成任务的有效激励。

第3章　企业数字化建设

以网络化、云计算以及计算机自动控制技术为代表的新信息技术已经渗透到电力经营管理的各个方面，现代电网企业经营管理已具备高度网络化、系统化、自动化的特征。数字化企业需实现人与人、物与物、人与物的全连接，并把实时决策融入业务流程；企业基于大数据和人工智能来开展运营，要使运营更加简单、高效、智能，应首先完成企业信息化建设。

3.1　企业数字化概述

目前，电网企业已基本实现运营的信息化。随着电网技术的不断发展以及与智能化技术的广泛融合，现代电网的形态及运营方式正在发生深刻变化，电网企业运营将实现由基于电子技术和人工经验的半自动化管理，向基于信息网络和现代控制技术的智能信息化运营方式转变。从企业运营的信息化到企业的信息化运营，不是简单的字序变化，而是信息化应用水平质的跨越。

3.1.1　信息化与数字化电网

信息化是指培养、发展以计算机为主的智能化工具的新生产力，并使之造福于社会的历史过程，信息化的应用可以提高决策的反应速度和成功概率，促进价值链延伸，有效整合社会资源，实现虚拟经营并提高管理水平等。信息化的最终目标是将正确的信息在准确的时间和地点送给正确的用户，以便使用户作出正确的判断和决策。信息化应用领域广泛，如信息化城市、信息化校园、信息化制造、信息化图书馆、信息化军队、信息化电网、信息化企业等。

数字化电网是指利用现代计算机信息技术、通信技术，将电网运行和管理中的图像、声音、文字等信息转换为符合一定标准的数字编码，使其通过标准的通信协议、接口和网络在应用系统之间传递和处理，实现变电站层、电网数据层、电网应用层、企业管理应用层的数据交换、数据集成、应用集成和服务集成，提高企业管理和服务的自动化水平。信息化企业是指企业利用现代信息技术，通过信息资源的深入开发和广泛利用，实现企业生产过程的自动化、管理方式的网络化、决策支持的智能化和商务运营的电子化，不断提高生产、经营、管理、决策的效率和水平，进而推进提高企业经济效益和企业竞争力的过程。信息化企业不仅是信息技术的延伸，更应是企业管理与组织管理的延伸。

电网企业的信息化是实现智慧运营的基础，它已成为传统产业升级和新兴产业发展的核心推动力，直接催生新的管理、运营和商业模式。信息化应用有助于贯通智能电网发、输、变、配、用和调六个环节，构建电网、电源、负荷和用户之间交互的综合服务平台，推进专业互联互通和能源流、业务流、信息流“三流合一”，推动智能电网运营和公司经营管理模式创新，提升电网生产过程自动化、业务处理互动化、经营管理信息化和战略决策科学化水平。

3.1.2　运营信息化分类

电网企业运营的信息化，必须是与电网紧密结合的，具有全数据管理、全信息应用、全业务监控的特征。企业运营的信息化是实现信息化运营的前提，将对电网企业运营管理产生重要推动作用。运营信息化包括数字信息化、通信信息化、决策信息化、管理信息化等。

3.1.2.1　数字信息化。

数字信息化是指电网企业运营中信息流动的信息化，包括设计、勘探、制造、建设的信息化，测量和控制的信息化，管理、市场的信息化；对所有电网设备，包括一次设备、二次保护及自动装置以及采集、监视、控制及自动化设备等的信息化。

3.1.2.2　通信信息化

网络通信系统的畅通、快速、安全以及实时、准确、有效的信息传递是信息化电网系统功能实现的基础保障。通信信息化涵盖信息化变电站、信息化电网线路、信息化用电系统、调度自动化主站和集控中心等领域。

3.1.2.3　决策信息化

电网企业应依据一体化平台集成的海量业务数据，采用分布式技术、内存计算技术、机器学习算法等进行数据隐含价值发掘，为电网稳定高效运行提供强大的分析决策功能，不断提高自身运营智能信息化水平。

3.1.2.4　管理信息化

管理信息化指从企业的核心业务出发，通过流程再造、业务创新、信息技术、集成技术和现代管理技术等手段,达到对整个企业的信息流、物流、资金流、业务流的有效规划和控制,促进企业管理向集约化、精细化方向转变,全面提升企业的信息化管理水平。

3.2 电网企业数字化建设

现代电网企业的经营和管理已具备高度网络化、系统化、自动化的特征。企业管理信息化所需的技术已经相对成熟,需要改变的是管理者的思维,让数据产生价值,为企业的经营和管理的精细化提供数据支撑。

3.2.1 电网企业信息化发展

3.2.1.1 从管理信息系统到ERP

管理信息系统(Management Information System,MIS)是一个以人为主导,利用计算机硬件、软件、网络通信设备以及其他办公设备,进行信息的搜集、传输、加工、储存、更新、拓展和维护的系统。企业管理信息系统包括客户关系管理系统、供应链管理系统、企业资源计划系统、电力市场交易系统和办公自动化系统等。最早的信息化管理工具是以软件为中心的,企业通过管理软件实现办公环境的自动化、电子化和网络化,以简化公司管理中的各种手续;但同时,在企业服务器中也积累了大量的企业生产和管理活动数据。数据是企业信息化管理的重要基础,是提升企业核心竞争力的有效资源,但由于缺少对这些数据的挖掘应用,数据一直在服务器中"沉睡"。

随着参与市场的竞争程度的加深,为了更好地利用信息系统沉淀的数据价值,软件企业在数据信息系统的基础上做了改进,增加了企业资源规划功能,即ERP软件,并且在这之后一段时间集成了报表汇总和可视化输出的套件,使ERP软件逐渐走向成熟。目前,国网公司已经完成ERP系统的建设并成功上线运行。由于企业发展面临的外部环境变化较快,而对信息系统的改进则是缓慢的,原先设定的报表和展示内容需要不断地加以调整,才能满足企业的管理需求。遗憾的是,企业ERP系统多数采用成型的套件或者组件,并且对软件公司的依赖性较强,后续的服务通常难以跟进,导致ERP平台逐渐落后于企业管理要求。

3.2.1.2 从ERP到商业智能系统

为了使数据和报表更加易于使用,软件生产商在原有的管理信息系统的基础上开发了展示模块,形成了早期的商业智能(Business Intelligence,BI)应用软件。此类软件通过可视化手段形象地展示报表数据,使人更容易理解和接受。商业智能系统由此风靡一时，受到使用信息系统企业的追捧。但是该系统受管理思想的约束，如果前端的管理思想梳理得不精准，则很难满足管理需求。因此，商业智能给了企业“智能”的期望，但是却没有真正发挥智能的作用，在短暂的火热之后很快离开了人们的视线。大数据的兴起让商业智能的作用重新被人们认知，并在大数据时代得到进一步的应用，同时获得了较好的发展。这个时候的企业不再提“智能”，而更多关心的是商业应用。

3.2.1.3　从商业智能系统到大数据统筹

电网企业内部管理信息系统一般都是逐步投入使用的，在此过程中，企业的认知也会发生变化。在企业选择不同的功能模块时，因为决策者的不同，导致企业作出不同的选择。一个大型企业通常拥有多种类型的系统，特别是在电网公司，由于业务的复杂性和特有的管理模式，此类现象较为普遍。不同系统基于不同的因素考量，业务不同，使用人不同，功能不同，带来了新的问题：系统间难以实现有效通信，数据不能实现自动传输，数据共享困难，形成了新的“信息孤岛”。

数据是信息化的核心，要真正实现用数据管理企业、用信息驱动业务，需要企业在数据化管理时对各个系统进行统筹，整合公司内外部数据，如生产数据、经营管理数据、营销客服数据等宏观经济数据以及地理空间数据、气候气象数据等，贯通专业间、上下游数据，坚决打破封闭独立、受壁垒保护的桎梏，实现数据间的关联和数据共享。在对数据进行关联时，要符合管理目标的需求；企业的管理目标要随着公司的发展方向、经营模式和战略策略的改变而改变。企业管理目标决定了数据架构及数据间的传递方式，与企业的战略、经营模式和发展方向相匹配。

3.2.1.4　从大数据统筹到大数据战略

数据是企业的价值源泉，数据的统一让企业的经营和管理过程变得透明，也让生产制造过程变得透明。透过数据，管理者能够清楚地知道各种企业资源如何变化，如何发展，并能掌控这些变化，从而让整个经营和管理更加精细化。同样的企业，若采用了大数据的管理方法，就能够在经营和管理过程中进行精细化调整，从而实现品质保障、成本控制，进而超越其竞争对手公司，成为优秀的公司。

在电网企业，相关部门要加强对大数据应用的统一组织与管理，深化公司运营的在线监测、分析、预测、预警，让数据的价值真正体现出来，发挥重要作用。一是采用电网实物资产设备管理新模式、新方法，深化状态检修、设备运维等大数据应用，提高电网设备状态智能感知和运维检修、故障抢修能力；二是充分利用智能电表产生的海量数据，从服务优化、降本增效、市场拓展、数据增值四个方面挖掘价值，重点深化用电和缴费行为分析，推送新产品，促进新业态；三是加强建设、生产各环节的联动分析、相关分析，实现对物资采购、仓储、配送全环节的优化管理，提升物资保障服务水平。

3.2.2 信息化建设的软硬件

运营信息化需实现对企业人、财、物等核心资源的有效整合，贯通发电、输电、变电、配电、用电和调度六个环节，这不仅需要合格的硬件设施基础作为支撑，同时需要性能完备的软件环境作为保障，从而实现电网全价值链运营智能化、互动化、综合化。

3.2.2.1 企业信息化软件

信息化运营软件是丰富和完善智能化运营平台的基本形式，涵盖电网企业生产、运行、决策和管理等各个方面。国家电网公司（以下简称“国网”）内部运行的信息化软件包括企业资源计划（ERP）、生产管理系统（PMS）、客户关系管理（CRM）、用电信息采集系统等。

（1）ERP

ERP 系统是指建立在信息技术基础上，以系统化的管理思想，为企业决策层及员工提供决策运行手段的管理平台。它是从 MRP（物料需求计划）发展而来的新一代集成化管理信息系统，扩展了 MRP 的功能，其核心思想是供应链管理。它跳出了传统企业边界，从供应链范围去优化企业的资源。ERP 系统集信息技术与先进管理思想于一身，成为现代企业的运行模式，反映了时代对企业合理调配资源，最大化地创造社会财富的要求，成为企业在信息时代生存、发展的基石。它对于改善企业业务流程、提高企业核心竞争力具有显著作用。

（2）PMS

PMS（生产管理系统）是由国网主导，自主研发的一套覆盖公司运维检修业务和生产管理全过程的运营系统。系统以资产全寿命周期管理为主线，以状态检修为核心，优化关键业务流程；依托电网 GIS（地理信息系统）平台，实现图数一体化建模，构建企业级电网资源中心；与 ERP 系统深度融合，建立“账—卡—物”联动机制，支撑资产管理；与调度管理、营销业务应用以及 95598 网上营业厅等系统集成，贯通基层核心业务，实现跨专业协同与多业务融合。

（3）CRM

CRM 是一套先进的管理模式，是实施客户关系管理必不可少的技术和工具集成支持平台。其管理系统基于网络、通信、计算机等技术，能实现企业前台、后台不同职能部门间的无缝对接，协助管理者更好地完成客户关系管理的两项基本任务：识别和保持有价值的客户。CRM 系统由客户信息管理、销售过程自动化(SFA)、营销自动化(MA)、客户服务与支持(CSS)管理、客户分析(CA)系统五大主要功能模块组成。

(4)数据采集系统

数据采集系统是按照国家制定的标准，形成一套有效的数据传输、控制与计算的系统，对供电侧、购电侧、售电侧的信息进行有效采集、处理和实时监控；其基于计算机的测量软硬件产品可以实现对数据计量、电能质量的实时监测，同时具备相关信息发布、分布式能源监控、智能用电设备信息交互等功能。数据采集系统是智能电网建设的重要组成部分，目前国家电网公司已成功使用的数据采集系统包括用电信息采集系统、供电电压采集系统、GIS 等。

3.2.2.2 企业信息化硬件基础

信息化运营硬件基础包括计算机主机、各种终端设备、电网线路、智能仪器及其他智能设备等。硬件系统是智能化运营平台运行的载体，主要涉及传感与测量技术、电力电子技术、电网仿真分析及控制决策技术、信息与通信技术。

(1)传感与测量技术

传感与测量技术在智能化运营平台的监测、分析、控制中起着基础性作用，提高了智能电网的可观测性。传感与测量技术将在电网信息化中得到广泛应用，涉及新能源发电、输电、配电、用电等众多领域。涉及的硬件包括光纤传感器、智能传感器、同步相量测量、PMU(相量测量装置)数据集中器、主站、卫星导航等。

(2)电力电子技术

电力电子技术是使用电力电子器件对电能进行变换和控制的技术，是电力技术、电子技术和控制技术的融合。常用的大功率电力电子技术主要包括高压直流输电、柔性交流输电系统、定制电力和基于电压源换流器的柔性直流输电。其中，柔性交流输电系统装置主要包括静止无功补偿器、晶闸管控制串联电容器、故障电流限制器、可控并联电抗器、静止同步补偿器等。

(3)电网仿真分析及控制决策技术

应用该技术的主要目的是对电网状态进行分析、决策、控制，保障电网安全、可靠、经济运行，实现智能电网的“大脑”功能，涉及的硬件包括电力系统全数字实时仿真装置、数字信号处理芯片(DSP)、直流换流阀、实时以太网、功率放大器、录波仪、励磁调节器、继电保护器和直流控制器等。

(4)信息与通信技术

信息与通信技术同电网运行深度融合,已经成为支撑智能电网的重要基础。它将先进的通信技术、信息技术、传感量测技术、自动控制技术与电网技术紧密结合起来,利用先进的智能设备,可有效提高企业的数字化水平。涉及的硬件设备包括服务器、网关、交换机、电力特种光纤、光中继器、射频装置、电力载波通信装置等。

3.2.3 企业资源计划(ERP)

3.2.3.1 ERP的基本理论

ERP是由美国加特纳公司(Gartner Group Inc.)在20世纪90年代初首先提出的,其主要宗旨是对企业所拥有的人、财、物、信息、时间和空间等资源进行综合平衡和优化管理,面向全球市场,协同企业各管理部门,围绕市场导向开展业务活动,使企业在激烈的市场竞争中全方位地发挥能力,从而取得最好的经济效益。

企业资源包括物流、资金流和信息流三种资源。ERP就是对这三重资源进行全面集成管理的管理信息系统。概括地说,ERP是建立在信息技术的基础上,利用现代企业的先进管理思想,全面地集成了企业的所有资源信息,并为企业提供决策、计划、控制与经营业绩评估的全方位和系统化的管理平台。

21世纪初,为了顺应信息化发展潮流,加快电力企业信息化进程,国内大型电力企业逐渐引入ERP系统,通过ERP引进国外先进的管理及信息技术。

3.2.3.2 ERP系统功能模块

(1)ERP系统财务模块

在ERP的理论和系统中,财务管理始终占据核心位置。会计和财务管理的对象是企业的资金流,是对企业运营绩效的衡量和编写,因而财务信息系统一直是ERP实施的重点。企业外部经营环境和内部管理模式的不断变化,对财务管理功能提出了越来越高的要求。为了满足由此而产生的新的应用需求,ERP系统主要供应商都研发了功能强大、高度集成的财务管理系统,并已经完成了从事后财务会计信息的反映,到财务管理信息的处理,再到多层次、全球化财务管理支持的转变。财务系统不仅在内部的各模块间实现了充分集成,与供应链和生产制造等系统也达到了无缝对接。

(2)供应链管理

供应链管理是为了增强企业的竞争优势,依靠ERP对信息流、物流、资金流、价值流和工作流不断进行优化的管理。供应链管理包括计划、采购、制造、配送和退货五大基本内容。供应链管理的运作需要知识、人才、技术、产品开发、工艺、质量、资本运作、服务以及其他资源等一系列因素支撑，这些因素归结起来就是知识管理、人力资源管理、全面绩效管理和资本运作管理等。

(3)人力资源管理

人力资源是一种特殊资源，具有不可替代性和高增值性的特点。人力资源管理是企业获取竞争优势的途径和重要手段。ERP加入人力资源系统以后，使其功能真正扩展至全方位企业管理的范畴。人力资源的功能范围从单一的工资核算、人事管理，发展到可为企业的决策提供帮助的全方位解决方案。这些领域包括人力资源规划、员工考核、劳动力安排、时间管理、招聘管理、员工薪资核算、培训计划、差旅管理、绩效管理、职业生涯设计等。它同ERP中的财务、生产系统组成高效集成性的企业资源系统。

(4)企业绩效管理

企业绩效管理的主要功能是提供实时业务透视分析，以便使管理者迅速、灵活地进行决策，根据操作执行情况迅速调整战略目标，帮助公司对突如其来的变化迅速做出反应。企业绩效管理的两个重要理论基础是平衡计分卡和作业成本管理。其中平衡计分卡是一种组织绩效管理手段和管理思想，在世界范围内应用广泛，其目标和评估指标来源于组织战略。作业成本管理是以作业为中心，通过对作业及作业成本的确认、计量，最终计算产品成本的新型成本管理方法。它把企业成本计算深入到作业层次，追踪并动态反映所有作业活动，为企业决策提供相对准确的成本信息。

3.2.3.3　ERP系统在电网企业中的实践

ERP是企业信息化建设的一个重要组成部分，在生产和经营、管理和决策、市场和营销等方面对调整或重组企业组织结构和业务模式，服务企业发展目标，提升企业竞争力具有重要作用。全面实施ERP是电力企业在电力市场化改革的形势下，经过深入调查和分析研究，面向新世纪作出的战略性决策。

(1)建立覆盖企业的信息系统

ERP系统采用集中式体系结构，在大型数据中心的基础上，形成了一个管理跨区域、跨行业的数据仓库。它充分依托内部通信网络，构建覆盖企业的、统一的信息系统，提高了数据的一致性、时效性，解决了信息系统独立、信息共享不足等问题；同时，ERP系统真正实现了远程办公、移动办公的目的。

(2)实现集中式财务控制，有效进行资金管理，优化企业资源配置

ERP的成功实践，使国家电网公司增强了财务管理的功能，现金流量管理得到优化；建立起良好的成本控制系统，通过效益中心和成本中心对指标

进行层层分解，增强对成本的控制；通过应用各种分析报表工具，实现科学的财务管理及管理决策。

(3)构建了上下游衔接的企业供应链管理系统

ERP系统实施将公司的相关上下游企业及客户无缝地连接起来，建立起一个完善的供应链管理系统，优化了企业的物资管理流程，加强了供应商管理，降低了采购成本，提高了企业的经济效益和社会影响力。

(4)建立了完善的指标在线控制体系，为科学决策提供了数据基础

构建企业数据中心，建立完善的指标监测体系，实现在线分析处理和决策支撑，为企业各级领导的决策提供了依据，增强了企业的绩效控制力。

国家电网公司ERP系统的上线应用，是对传统管理理念、管理思想以及管理方法和手段的一场深刻变革，是企业由粗放型管理向集约化管理的质的飞跃，是推进智慧化运营的管理创新的重要信息载体。

3.2.4 用电信息采集系统

用电信息采集系统分三阶段推行：第一阶段，初步完成终端侧容量为50kVA及以上用户的用电信息采集及一体化平台建设；第二阶段，实现“全覆盖、全采集、全费控”的目标；第三阶段，优化用电信息采集系统，根据运行实践深化系统研究、完善系统功能、提升系统效率，为智能电网的信息化、自动化、互动化提供强有力的基础应用平台，以保证用电数据获得实时高效采集、处理和应用，为智能电网建设奠定坚实的基础。用电信息采集系统可实现如下目标。

(1)一体化平台

国网山东省电力公司建立一体化用电信息采集系统后，采集监控对象涵盖专用变压器用户、公用变压器和低压用户，在同一平台上完整地实现了采集、监控和业务应用功能。

(2)智能用电服务

用电信息采集系统的建设，为智能用电服务体系建设提供了基本保证，满足了智能电网与用户的互动化需求，使用户可以随时了解电网信息，为用户提供了灵活定制、多种选择、高效便捷的服务。

(3)用电异常监测

建设用电信息采集系统，并配合专用传感器，可实时监视用户异常用电状况，及时发现损坏的计量设备和准确地跟踪、定位有窃电嫌疑的用户。用电信息采集系统所记录的各种用电数据和曲线，为查处用户窃电提供了有力依据，是反窃电工作最有效的技术手段。

(4)用电信息共享

建设用电信息采集系统,可真正地实现与营销业务系统的无缝连接,实现用户档案、计量数据、用户用电信息的共享,协调完成对营销计量、用电检查、需求侧管理等业务流程的技术支持。

(5)营销业务支撑

建设用电信息采集系统,能够有效地提高电能计量、远程抄表、预付费等营销业务处理自动化程度,提高营销管理整体水平;能够为 SG186 业务应用提供及时、完整、准确的数据支撑,满足了智能电网自动化、信息化的要求。

3.2.5　设备运维精益管理系统(PMS)

3.2.5.1　PMS 建设目标与设计

PMS 作为企业统一设备(资产)运维精益管理系统,覆盖国网运维检修业务和生产管理全过程。PMS 面向智能电网生产管理,实现对电力生产操作层、管理层、决策层业务的全覆盖,支撑运维一体化和检修专业化,实现管理的高效、集约。它以资产全寿命周期管理为主线,以状态检修为核心,优化关键业务流程,提高运维检修管理精益化水平,为智能电网和“三集五大”建设提供坚强支撑;建立和维护了一个完整、准确、跨专业一体化设计的数字化统一电网,贯通基层核心业务,实现了跨专业高效协同、多业务深度融合以及设备管理向电网管理和资产管理的转变;以基层核心业务的贯穿为突破口,明确系统边界,厘清数据源头,避免重复录入,打破信息壁垒,打通业务流程,优化资源配置,提高工作效率,推动公司生产管理信息化水平再上新台阶。

PMS 的设计秉承以下原则:

●易用性原则:设计时应从用户体验视角考虑提供统一的界面、统一的操作风格,减少操作次数,提供操作反馈。

●标准先行原则:建立和完善相关技术规范和技术标准,提高系统建设规范性,实现系统数据接入、应用功能及集成接口的标准化设计。

●前瞻性原则:系统设计时应具有一定的前瞻性,适当超前考虑业务方向,以满足业务持续发展的需要。

●业务协同原则:系统设计时应充分考虑业务协同性,系统架构中各组件的部署与集成方案应充分考虑一体化平台相关的技术标准,实现与相关业务应用的紧密协同。

●可扩展性原则:建立统一的可扩展的系统框架,尽量降低各业务模块间的耦合度,适应业务需求不断发展的需要。

3.2.5.2　PMS功能模块

PMS通过与电网规划、基建管理、调度管理、营销管理工作的数据共享和业务协同，实现设备（资产）从规划、安装、运行、退役、再利用直至报废的资产全寿命管理；通过与ERP人力资源、财务和物资的横向贯通，实现设备（资产）运检成本归集和资源的优化配置。

PMS总体功能架构可分为标准中心、电网资源中心、计划中心、运维检修中心、监督评价中心和决策支持中心等六大中心，通过六大中心的分工和协作，实现运检全过程覆盖，并结合横向的数据共享和业务协同，实现资产全寿命管理，促进公司运维管理精益化水平的提升。

●标准中心。结合企业相关业务机制、制度标准、系统开发标准等，构建标准库及标准规范，对备品备件、服务用车、工器具等进行定额管理，提高了企业标准库管理、标准规范管理和定额管理的水平。

●电网资源中心。集成ERP、配电自动化、电子商务平台、营销业务应用、规划设计等业务应用系统，实现电网资源数据的统一管理和共享，支撑基层核心业务贯通，促进业务应用融合。

●计划中心。针对生产技术改造、生产设备大修、固定资产零星购置等方面，满足新建项目、技术改造规划、项目储备、年度计划、项目实施进度、项目评价等管理要求。

●运维检修中心。这是PMS的重要功能组件，涉及电网运维检修、综合生产计划、移动作业、配网抢修、配网运维指挥、状态监测等方面的管理，有效贯通配网营销、运检、调度业务流程，实现抢修资源的统一管理、客户报修的闭环管理。

●监督评价中心。负责状态信息、状态检修、技术监督、专项管理等方面的监督评价工作，规范企业管理。

●决策支持中心。在数据共享和应用融合的基础上，根据业务和管理需求，开发综合报表；构建绩效指标体系，开展指标评价分析，进行可视化展示；开展设备故障诊断、状态预测、风险评估等专题，深化应用主题，辅助企业管理决策。

3.2.5.3　PMS的实施

(1)实施原则

●总体管控原则。坚持统一领导、统一规划、统一标准、统一组织的“四统一”原则，建立国网总部和省（市）公司单位两级管控组织，统一指导项目实施工作。总部负责项目实施过程监控和推进工作，省（市）单位在总部指导下负责项目建设及组织协调工作。

●先试点后推广原则。实施的过程采取先试点后推广的方式，对系统整体推进采取由点及面的方式，在试点单位实施成功的基础上再推广到其他生产单位。

●经济性原则。系统的构建尽量利用现有资源，坚持在先进、高性能的前提下合理投资，以期在成本最佳的前提下获得最大的管理效益、经济效益和社会效益。

●任务并行原则。系统实施时间紧、工作量大、难度大，需要统筹规划系统整体实施过程，有效利用并行计划，做好项目管理，提高系统实施效率，确保实施工作保质保量完成。

(2)实施策略

●差异化策略。为最大限度地满足各级运维检修单位的应用需求，定制符合现场实际应用要求的业务流程和配置，对省级国网公司各部门、典型地市县公司就业务应用范围、业务流程、典型角色、设备台账数据、电网图形数据、软硬件、应用集成以及现有系统应用情况等方面进行调研分析，并最终形成差异化分析报告。

●软硬件"利旧方案"。充分利用原有资源，对现有软硬件进行评估，在确保硬件相互兼容、主要指标满足 PMS 运行要求的基础上，权衡采购成本与运维成本，制订有针对性的软硬件"利旧方案"。

●数据迁移。为确保迁移前后数据安全、完整、一致，满足迁移后业务流程连贯性要求，要求使用自动化工具，并辅以人工校核的方式，完成系统数据迁移。对于设备台账、电网空间信息等基础数据，从割接断面开始预留冻结时间窗口，冻结期间的基础数据变动在新系统上线后予以维护。数据迁移具有跨平台、数据量大、冻结期短、数据准确性要求高、业务数据关联性强等特点，在正式开展迁移工作前须进行充分演练，针对现场情况编制数据迁移方案，最大限度地优化迁移步骤，较真实地评估各迁移步骤消耗的时间。

3.3 推进数字化发展

3.3.1 转变观念，树立数字化管理理念

企业数字化运营最重要的就是管理者观念的转变。要实现数字化管理，就要改变传统的企业运营方式和思想，摆脱部门效益最大化的思想，树立为电网客户服务、为社会创造更大价值的管理理念；在企业内部全方位地宣传新的管理理念，让员工更好地理解及改变工作方式。从而进一步调整企业战略和方向，提高企业整体运营效率。企业可以根据自身的人员结构，

合理配置具备信息化运营管理经验的管理者，通过座谈会、宣讲、海报、集中学习等方式，全方位地转变人员的信息化观念。

3.3.2 创新技术模式，全方位地实现数字化运营

与发达国家和新兴工业化国家的信息技术水平相比，我国的数字化水平总体还比较低。到目前为止，芯片、软件、集成电路、新型元器件、核心软件等的开发和应用仍由发达国家所主宰，这造成了我国数字化基础设施建设不够系统、完备，软件系统与企业的业务流程相脱节的现状，导致电网运营过程未能实现真正的信息化；加之大数据、云计算、物联网、移动互联等新兴技术更新换代比较迅速，且电网是一个庞大的系统，涉及业务种类繁多，使得电网运营技术水平满足不了电网业务运营需求。另外，由于企业相对集中的组织架构，运营模式创新能力不足，缺乏先进的信息化运营管理观念和模式，从而影响了整个电网企业的运营效率和效益。

3.3.3 调整产业结构，推进电网运营市场化

目前，电力行业信息产业结构和业务运营机构设置不合理的结构性矛盾仍然未能从根本上得到解决，电网业务发展滞后于信息技术能力发展，信息技术的发展又滞后于电网基础设施建设的速度，企业整体发展不够协调。电网企业的资产结构、业务结构不合理，基础业务增长缓慢，业务拓展和市场开发比较薄弱，网络布局及服务手段、管理体制及经营机制协调度不高，导致企业市场化程度比较低，严重阻碍了企业的发展速度。因此，电网企业应该从全局的角度出发，把握好电网基础设施建设、业务建设和信息化建设的关系，不断推进企业市场化进程，合理调整产业结构和发展战略，构建一个健康、稳定、高效的新型电网运营模式。

3.3.4 整合数据资源，提升企业运营附加值

电网企业虽然实现了相关业务流程的信息化管理，提高了部门的工作效率，但是业务部门之间的数据整合、数据集成、资源共享和组织融合等还未能相互渗透，从而阻碍了企业整体信息化体系建设的步伐，进一步阻碍了信息化带来附加价值。信息化建设的目标不仅仅是信息化水平的提升，更重要的是管理模式和运营模式的创新，是业务和技术有效融合。信息化运营要以不断整合资源为基础，以业务和技术融合创新为动力，以提升企业运营附加值为目标，促进企业整体效率的提升。

第 4 章　企业智慧运营战略地图

战略地图是描述和表达公司战略的工具，通过提供战略规划和战略实施之间遗漏的联系，为描述、衡量、保持无形资产的协调一致并取得卓越业绩提供蓝图。

4.1　企业运营战略

运营战略是运营管理中最重要的一部分。运营战略是指在企业经营战略的总体框架下，通过运营管理活动来支持和完成企业的总体战略目标。运营战略可以视为保障运营管理目标和组织目标相协调的规划过程的一部分。为了满足经济社会快速发展对电力的需求，作为国家能源战略实施主体之一的电网企业必须坚持经济责任与社会责任相统一，保障电力安全可靠供应，优化能源资源配置，服务清洁能源开发，推进节能降耗，保护生态环境，履行社会责任，服务社会主义和谐社会建设。

4.1.1　清洁环保

经济的发展、人口的增加以及城镇化进程的加速，导致能源需求总量迅猛增加，由化石能源消耗所产生的气候、环境问题日益突出。为应对全球能源总量供应及能源环境的挑战，提高能源利用效率，发展清洁能源，优化调整能源消费结构，降低对化石能源的依赖程度，已成为世界各国解决能源安全和环保问题、应对气候变化的共同选择。水能、风能、太阳能、潮汐能等清洁能源需要转换成电能才能够得到高效利用，这也是清洁能源的主要开发利用方向之一。

现阶段，电力供应结构仍以煤、气等化石能源发电为主，清洁能源占比较小。为了促进清洁能源的发展与利用，降低能源消耗和污染物排放，提高清洁电能在终端能源消费中的比重，电网企业开始探索、研究“企业绿色发展指数评价”标准，结合清洁能源认定标准和发展要求，构建绿色发展指数评价体系，对能源企业的清洁环保性进行有效监测，并定期对外公布绿色发展指数，通过市场化手段，强制或者半强制推进清洁能源发展。

4.1.2 安全可靠

电力系统的任务是源源不断地向用户提供质量合格的电能，确保电力系统安全可靠运行是电网企业的重要目标之一。随着能源结构的优化调整和清洁能源技术的快速发展，电能在终端能源中的消费比例日益提高，经济社会发展对电能的依赖程度日益增强，电网发生重大停电事故的后果也越来越严重。电网的安全可靠运行意义重大。安全可靠的电网各级防线之间紧密协调，具备抵御突发性事件和严重故障的能力，能够有效避免大范围连锁故障的发生，具备坚强的网架结构、强大的电力输送能力和安全可靠的电力供应能力。目前，电网规模日益扩大，一方面有利于提高资源优化配置能力，有利于大规模接入和传输可再生能源；另一方面，电网运行与控制的复杂程度越来越高，发生大面积停电的风险日益加大，对实现电能的安全传输和可靠供应提出重大挑战，电网的坚强可靠性成为人们普遍关注的焦点。

4.1.3 经济高效

电是一种使用方便的优质二次能源，被广泛应用于国计民生的各个领域。经济高效是指提升电网运行和输送效率，降低运营成本，促进能源资源和电力资产的高效利用。当前，无论是化石能源，还是清洁能源，其开发、配置、利用效率都不够高，有很大的提升空间。采用先进技术，促进电力清洁生产，着力提高能源资源开发效率、电能转换效率，降低电力输送损耗，全面优化电力生产、输送和消费全过程，成为电网发展的必然选择。未来，经济高效的电网必将极大地推动低碳电力、低碳能源乃至低碳经济的发展。

4.1.4 服务优质

经济社会的发展和人民生活水平的不断提高，对电网企业服务质量、服务标准的要求也不断提高。优质服务是一切企业生存与发展的基础和前提，是国网的生命线，是一个全方位、多层次、多角度、全过程、全员参加的系统工程。优质服务作为电网企业的生命线，要求每一个员工都要树立服务基层、服务一线、服务客户的服务理念，为客户提供优质的电力和以人为本的真诚服务。

为了全面提升电网企业服务水平，一是要建立智慧运营用电服务创新体系，推动电网企业从产品供应商到服务供应商的角色转变、从管理向运营的机制转变、从单一向多元的服务转变，实现市场营销能力、客户关系管理能力、渠道运营能力、资源协同能力、技术应用能力的综合提升，成功塑造“安全、便捷、智能”的电力服务品牌。二是建成智能用电互动平台，实现信息发表及查询服务、在线支付及故障报修全过程服务；实现用户分类和信用等级划分，为客户提供差异化、个性化智能用电服务；建立完善的需求侧管理、分布式电源综合利用以及电动汽车充放电管理等应用体系，合理调配充电时段，分析充电需求，实现有序充放电，平衡电网负荷。

4.2　企业运营战略地图

战略地图是在平衡计分卡的基础上发展来的。与平衡计分卡相比，战略地图增加了两个层次：一是颗粒层，其中的每一个颗粒都可以分解为很多要素；二是动态层，也就是说战略地图是动态的，可以结合战略规划来绘制。战略地图的核心内容是，企业通过运营人力资本、信息资本和组织资本等无形资本（学习与成长），建立反映战略优势和效率的内部流程，进而把特定价值带给市场（客户），从而实现股东价值（财务）。

战略地图是描述和表达企业的战略工具，之所以受到很多企业的欢迎，是因为它确实为企业更好地进行战略管理带来了便利。不过企业在运用的过程中也遇到了一些问题，比如：如何更加清晰和准确地表达企业想表达的行动和战略；如何构建一级主题、二级主题，以便思路清晰地找出驱动因素等。

战略地图有四个维度：财务维度、客户维度、内部运营维度和学习维度。其中，内部运营维度研究的是企业在哪些方面做得更加出色才能更好地实现财务和客户层面的战略目标。它可以分为创新管理、运营管理、客户管理、风险管理等。创新管理不单单指技术的创新，也可以是营销和管理的创新；运营管理是指传统的供、产、销的管理；客户管理包括对间接客户与直接客户的管理；风险管理指公司在运营过程中所面临的主要风险，一般包括产品安全、环境安全、社会风险、财务风险等。

绘制战略地图应先从目的开始，然后再画出通往目的地的路径。企业首先规划自身战略，这个战略应该清晰地描述其总体目标；而战略地图则应该详细说明到达最终目标的逻辑过程。企业战略地图框架，是指驱动要素之外的其他部分，包括对企业总体战略与目标的描述，对四个战略维度和每个战略维度之战略主题和驱动要素的描述。总体描述、维度及其主题构成战略地图的架构。

企业运营地图是战略地图的落地和具体实践，宏观上反映企业整体管理意图，微观上反映企业在具体的流程、人、制度、设备等方面对宏观战略和管理意图的执行力度。通过企业运营地图，加强对企业战略和管理的落地监测，实现事前预警、事中纠偏、事后评价，可以进一步提升企业的执行能力，助力企业战略目标的实现。

第5章　企业智慧运营业务地图

电网企业发展面临着一些新形势、新要求，给企业运营管理工作带来了新的挑战和机遇。利用运营业务地图可以实现企业运营“金字塔”模型监测，其顶层的运营指数可以为公司领导提供辅助决策，中间的分类指数可以为业务部门提供导向引领，底层的业务指标和流程指标则可为专业工作提供工作支持。业务地图的建设和应用，将实现对企业整体资源的整合，成为企业开展运营监测的重要平台与手段。

5.1　电网企业运营业务

5.1.1　安监业务

电网企业的安全生产对于企业自身的发展和社会经济发展及稳定都有着极其重要的现实意义。现阶段，我国电力安全生产管理已逐步形成体系，从电力的生产到电力的传输再到供给，机制和安全技术控制手段均已达到较高水平，为全社会经济持续、高速发展奠定了基础。在电网企业中，人身、设备、电网的安全无一不影响着产品以及服务的质量。电力流通、分配中的任意环节的安全问题都影响着电网企业的活动。总体来看，电网企业主要业务有安全监督管理、质量监督管理、应急管理。

(1)安全监督管理。安全管理主要有人身安全、电网及设备设施安全和用电安全三大类。安全监督管理是指以实现安全生产为目标，开展的安全检查监督管理、现场安全监督管理、安全性评价管理等。

(2)质量监督管理。质量监督管理是以资产全寿命周期安全及效能、成本综合最优为目标，对电网建设、运行、供电服务等整体质量进行全过程监督、检查、评价和考核，促进各项相关工作协调开展和互相促进，持续提升电网建设、运行、服务质量。

(3)应急管理。应急管理主要是为了应对电力系统重大突发性灾难事件，负责重大突发性灾难的预防、准备、响应和恢复，以提高电力系统的应急管理能力。

5.1.2 发展规划业务

发展规划是供电企业的发展战略和投资经营战略业务，企业通过规划、前期、计划、统计四大业务板块，综合各类各级规划、各专业计划、各层级计划，形成总体规划和综合计划，全面统筹各类发展业务。主要业务包括企业规划、电网规划、电网项目科研、电源（用户）接入系统管理、综合计划、统计管理六大类。

（1）企业规划是企业根据外部环境、内部资源和自身能力状况以及市场发展与需求，对企业总体发展目标以及实现目标的途径和手段所设想的计划。

（2）电网规划是以负荷预测和电源规划为基础，确定在何时、何地投建何种类型的输电线路及其回路数和电源点，以达到周期内所需要的输电能力，在满足各项技术指标的前提下使电力系统的投资费用最小；包括短期、中期、长期规划。

（3）综合计划管理涵盖公司主要经营活动，包括综合计划指标和综合计划报告两部分。综合计划指标包括电网发展、资产质量、供电服务和经营业绩等指标。综合计划报告主要内容包括计划编制指导思想、编制的原则和依据；根据资产情况和经营状况，结合国家宏观经济政策、电力市场情况和预测，对各项计划指标及计划方案进行综合平衡和优化，分析有利和不利因素，提出保证综合计划各项指标和总体目标顺利实施的措施。

5.1.3 建设业务

电网工程建设管理是指对企业所辖变电站、换流站、开关站及输电线路等工程的全过程管理工作。按照建设工程项目管理规范及“大建设”体系管理工作要求，电网工程建设管理主要包括项目、安全、质量、造价、技术管理五个方面。

（1）基建项目管理是以进度管理为主线，通过计划、组织、控制与协调等管理手段，有序推动工程建设，全面实现项目建设目标的过程。

（2）基建安全管理包括安全文明施工标准化管理、施工安全风险管理、施工分包安全管理、基建安全应急管理。

（3）基建质量管理包括标准化工艺研究及应用、质量检查与验收、质量评价考核、质量事件处理。

（4）基建技术管理是在电网工程建设中，落实工程计价标准，科学评价工程建设技术方案的经济合理性，合理确定工程造价，有效控制建设成本，准确分析费用构成和变化趋势的全过程管理。

(5)基建技术管理是指在电网工程建设中，建立和健全基建技术管理机制，以科技进步为引领，以标准化建设成果为载体，加强设计管理，加强基建新技术研究及应用，提升工程设计质量和技术水平。

5.1.4　运维检修业务

电网企业的运维检修工作主要围绕主网、配网的线路及设备展开，以保障电网设备的稳定运行，确保电能安全可靠经济地从电源端输送到客户端；包括输电业务、变电业务、配电业务、带电作业、电网设备缺陷管理、设备状态检修、工程管理、电压质量管理、标准化作业管理九大业务内容。按照运维设备(线路)的类型分类，主要业务分为输电运维、变电运维、配电运维。按照检修体系管理内容分类，主要业务有设备运维管理、电网缺陷管理、设备状态检修管理、技改大修工程管理、配网工程管理、技术监督管理。

5.1.5　调控业务

调控业务是从发电、变电、输电到用户用电各环节中，统一指挥协调多个发电厂、变电站、各种电压等级的输电线路和用户，在线实时监控各个元件运行参数，并把各个环节稳定有序、经济安全地联系起来，使得发、输、变、配、用形成完整的整体，同时根据各地负荷需求，统调各发电企业按计划发电。

(1)电网调控业务负责对整个电网的发电出力、电能传输分配、无功电压控制、用户负荷控制等环节进行全面管理。

(2)设备监控业务负责实时在线监测现场信息并与变电运维业务协同，实施设备运行信息的分类分送，确保远方监测与现场设备实际状况的统一，为调控业务正常运行提供可靠保证。

(3)调度计划业务负责发电、输电、变电及许可地重要设备运行、出力调整、方式改变、检修计划的统筹安排，编制主网发电、输电、变电重要设备的年度、月度计划等。

(4)运行方式是指为了保障电网的安全运行，根据各项规定、设备状况制定的维持电网安全、优质、经济运行的设备运行方式，分最大、最小运行方式。

(5)安全内控业务主要负责健全调度控制中心安全内控机制，使各专业处室围绕电网建设前期规划、发输用电整体平衡等目标建立正常的安全稳定方式。

5.1.6 营销业务

电力营销是电网企业在变化的市场环境中，以满足人们的电力消费需求为目的，通过一系列与市场有关的经营行为，提供满足消费需求的电力产品和相应服务的活动。电网企业市场营销的中心是实现电能交换，最终实现电能的使用价值和交换价值。主要业务包括营业业务、计量管理、智能用电、综合技术、农电业务等。

(1)营业业务是整个营销管理的核心和基础，主要包括业扩报装、变更用电、电费抄核收管理、销售电价执行管理、供用电合同管理、客户档案管理、分布式电源及微网络管理等内容。

(2)计量管理主要包括电能计量装置管理、计量资产管理、计量档案管理、装表接电管理、计量装置周期检定(轮换)管理、用电信息采集系统建设与运行管理等。

(3)智能用电主要包括智能充换电服务网络建设与运行、智能小区建设与运营、光纤入户建设与运营管理等内容。

(4)综合技术管理主要包括营销现场稽查、营销综合分析、营销自动化系统建设推广及业务应用管理、营销项目管理、线损管理、营销作业安全管理、营销专业培训、部门综合事务等。

(5)农电业务主要包括农电发展、农电管理，其市场服务主要包括市场分析预测、有序用电管理、节能服务、能效服务网络建设、直接交易管理、市场开拓与需求侧管理示范项目推广、供电营业区管理、自备电厂管理等内容。

(6)客户服务包括 95598 业务管理、客户关系管理、用电检查管理、高危及重要客户安全管理、违约用电及反窃电管理、供电服务品质评价、营业厅管理、重大活动客户保电、优质服务活动策划等内容。

5.1.7 人力资源管理业务

人力资源是相对于其他物力、财务等资源的称谓。它是企业在一定时间、空间条件下劳动力数量和质量的总和。人力资源管理是指运用现代化的科学方法，对人力资源进行合理的组织、调配和培训，使人力、物力保持最佳比例，同时对人的思想、心理和行为进行恰当的诱导、控制和协调，充分发挥人的主观能动性，使人尽其才，事得其人，人事相宜，以实现组织目标。现代的人力资源管理是一个人力资源的获取、整合、保持、激励、控制调整及开发的过程。企业的人力资源管理主要包括劳动组织管理、员工管理、薪酬福利管理、绩效考核管理、培训管理五大业务。

5.1.8　财务管理业务

财务管理是组织企业财务活动、处理财务关系的经济管理工作，包括预算管理、会计核算管理、资产产权管理、资金管理、工程财务管理、电价管理、稽核内控与风险管理、财税管理、财务信息化管理、财务机构设置和人才队伍管理等。

5.1.9　物资管理业务

围绕电网坚强、资质优良、业绩优秀、服务优质的企业发展目标，以全面拓展物资集约化广度和深度为主线，大力深化责任、运行、考核三个机制建设，全面深化九大关键业务，优化重组组织架构，深入推进依法治企，全面提升资源统筹能力、集中管控能力、供应保障能力和价值创造能力，全力打造国内领先、国际一流的物资管理体系。物资管理的九大关键业务是指物资计划管理、物资采购管理、物资合同管理、仓储管理、配送管理、物资质量管理、供应商关系管理、废旧物资处置管理和应急物资管理。

5.2　电网企业业务地图建设

5.2.1　建设思路与内容

企业从“如何绘制企业业务地图、构建企业运营监控体系框架、建立运营能力评价指标体系”三个方面开展运营业务地图建设工作。

5.2.1.1　绘制企业业务地图

基于职责、流程、制度、标准、考核“五位一体”的顶层业务设计，参考借鉴国际先进电网企业的运营模型，按照“战略文化引领、主营业务创效、核心资源支撑、内部管控保障”的思路，梳理企业各项业务间的交互和关联关系，有机整合企业资产管理、运行管理、营销服务等业务，形成包含业务域、业务板块、业务单元、业务项四个层级的企业业务全景地图。

5.2.1.2　构建企业运营监控体系框架

业务地图以运营指数为引领，聚焦指标、业务、流程、明细数据之间的关联拓扑关系，构建以“运营指数层（全视角）—业务地图层（全业务、全资源）—业务流程层（全流程）—指标及明细数据层”为逻辑架构、涵盖企业“全业务、全流程、全资源”的大监控网络体系。

5.2.1.3 建立企业运营能力评价指标体系

基于运营监控体系框架，梳理指标与主营业务、关键流程、核心资源及明细数据间的关联关系，建立以业务指标集、流程指标集为核心的运营能力评价指标体系。从管理层级、关联关系及评价维度(效益、效率等)等方面，为指标赋予各种具备运营监测特色的属性，创新构建指标"属性库"，并根据企业领导的关注点、管理重点等变化情况进行动态更新，以指标为核心和纽带，快速定位关联业务、流程等，实现监测分析路径智能规划和监测展示场景模块化构建。

5.2.2 建设目标

业务地图的建设目标是实现企业运营的"金字塔"模型监测，顶层的运营指数为企业领导提供辅助决策，中间的分类指数为业务部门提供导向引领，底层的业务指标和流程指标为专业工作提供工作支持。业务地图的建设和应用，将推进实现对企业整体资源的整合，也将成为开展企业级运营监测的重要平台与手段。

运营业务地图系统建立了企业运营监控评价体系，多维度、多层级地反映企业运营状况。发挥运营指数的引领作用，通过运营指数看企业整体，专业综合指数看部门，地市综合指数看基层单位，"四个最好"指数看企业电网建设、企业运营、客户服务及队伍建设，全视角展现企业整体运营状况。

基于业务明细数据在线开展监测分析，客观真实地反映企业实际运营状况。建立指标与明细数据间的关联关系，通过层层穿透和关联追溯，准确定位企业弱势指标和管理短板，促进企业同业对标、业绩考核等核心指标提升。

提升发现问题、分析问题、解决问题的能力，更好地服务于企业领导决策。结合企业实践经验，科学构建"指数—指标—业务—流程—明细数据"的运营监测分析模式，依托运营监控工具，在线开展监测分析，更加有效地发挥其辅助决策作用。

5.3 运营指数引领

5.3.1 企业运营指数

5.3.1.1 运营指数

运营指数是围绕电网企业运营战略及管理，反映企业经营、业务运行能力、资产运作能力、资源配置及发展创新能力等相关指标的综合加权结果。

它有助于找到企业管理短板，全面呈现企业运营情况，并帮助企业从结构出发，发现运营短板和重点问题。对于决策层，借助运营指数能从整体上审视企业的运营状态，更加有效地发现运营的短板问题；对于管理层，运营指数的存在将使其更关注本领域业绩的提升，快速发现运营问题并提升管理优化措施的针对性；对于操作层，运营指数的存在将使其能够全面解析业绩变化原因，快速寻找影响因素，提升监测人员监测效率和准确性。

在市场经济条件下，任何企业都要参与到激烈的市场竞争中。企业为了自身生存和发展，就必须对经营活动和市场行为作出正确的决策。因此，经营管理对任何一个企业而言都十分重要。经营决策是企业经营管理最重要的经营活动，运营指数则为企业决策提供参考。考虑到电网企业的管理特点，可基于同业对标及绩效考核等关键运营指标，结合国际成熟的绩效考评管理方法和理论以及电网企业的经验并参考行业的实践，来构建运营指标体系。运营指标体系的构建采用分层次自顶向下逐级分解的方法，针对各项运营指标提供面向企业决策层、业务管理层、运作层的不同管理视图，使指标体系能切实反映运营的绩效。

运营指标分解可分为三个方面：

一是管理层级分解，即运用平衡计分卡、指标结构分解方法，从财务、客户、内部运营、学习与成长四个方面，全面分析影响企业战略的管理主题、业务领域，明确运营监测、分析的内容，并完成指标由上到下的逐级分解。

二是跨专业分解，即运用平衡计分卡、价值树模型分析方法，分析企业战略指标对应的关键绩效指标、驱动这些指标的关键流程、影响流程评价的绩效指标，完成企业关键运营指标向各专业的分解。

三是专业内部分解，即运用指标网络图设计方法，对核心业务指标及与其相关的专业内容、业务活动和数据项（比如指标与资源、指标与企业模型、指标与外部环境的逻辑关系、指标与业务问题和解决方案之间的关系、指标与组织的关系、指标与风险的关系、指标与数据的关系等）进行建模，进而明确指标之间的关联关系，为深入、快速地分析奠定基础。

运营指数评价体系主要以战略绩效和管理提升两方面考量为根本出发点，同时围绕客户服务能力、电网运行能力、资产运作能力、资源配置能力及发展创新能力，结合同业对标、业绩考核形成运营评价体系框架，构建不同层级的指标体系。底层的运作指标用于业务运作绩效的评估，是根据战略目标价值分析得出的；关键业务指标则是对运作指标的重要程度和可行性进行优先级分析后得出的；关键综合指标是对业务条线进行评估的总体综合性指标；运营指数则是对关键运营指标加权后得出的。

5.3.1.2 服务能力指数

服务能力指数是围绕电网企业服务能力及水平，反映电网供电充足性、稳定性、安全性、客户服务满意度、客户服务水平等指标的综合加权结果，是对电网企业服务能力的综合评价，有助于企业正确评估自己的经营能力，正确认识自身所存在的不足，找出差距，进而制定行之有效的经营发展战略。它可以为企业领导和主管部门制定进一步增强企业经营能力的决策和政策提供科学依据，通过保持和提升企业经营能力，使企业走上可持续发展的轨道。

提供优质服务是电网企业增强竞争能力的需要，关系到千家万户、国民经济命脉与社会稳定大局，是电网企业公益性的重要特征，可为今后电网企业服务能力改善及提升提供经验及参考。由于国内外尚无相关标准可供参考，可结合电网企业作为公益性企业的特点，选择反映电网企业服务能力进行相关指标，以量化的方式构建服务能力指数，用于对电网企业服务能力进行整体评价。

服务能力评价具有全面、多层次的复杂结构，因此，其指标也具有多层次的特点。可参照指标结构分解法，围绕供电稳定性、安全性、客户服务、费用便捷性等方面开展相关指标的构建。构建供电服务能力评价指标体系应注意以下三项原则：

一是综合性。综合性注重从宏观和整体上构建一个全面、系统、科学的评价指标体系。既要对服务能力的过去进行评价，更要对它的现在和未来进行评价；除了对能力、水平、方式和手段等进行评价外，还要重视从成本、效益的角度作出评价。

二是科学性。评价指标体系的设置应从研究目标出发，能客观、准确地反映电网企业供电服务综合水平；深入研究指标体系的内部结构，考虑各指标之间的相互联系、相互作用，凸显指标体系结构的整体性、相关性和层次性；正确处理定性与定量的关系，坚持定性分析与定量评价相结合的评价准则。

三是操作性。操作性原则表现为指标体系简单明了，计算方便，所需资料容易采集。评价指标体系应不过分追求理论上的理想和完善，而是尽可能做到操作便利，特别是定量指标要简明、综合，具有科学性与可操作性，评价指标要尽可能客观地反映、描述被评价事物的规律，正确揭示评价对象的特征。

供电服务能力主要构成指标如表 5-1 所示。

表 5-1　　服务能力主要构成指标

一级指标	二级指标	指标介绍
供电稳定	供电可靠率	反映供电停电时长、次数
	供电完成率	反映供电完成情况
	供电电压合格率	反映供电电压的稳定性情况
	停复电及时率	反映停复电处理速度
供电安全	安全隐患告知率	反映高危及重要客户的风险情况
	年度计划用电检查完成率	反映用电检查情况
95598 热线	业务处理及时率	反映业务处理的及时性
	服务满意率	反映客户对企业客服的服务评价
	电力服务热线“95598”接通情况兑现率	反映“95598”热线的接通率
	客户投诉举报情况	反映客户对企业服务的满意度
	一次性解决问题率	反映客服处理问题的能力
故障抢修	故障报修到达现场时间兑现率	反映企业的故障应急处理能力
	故障报修派单平均时间	反映故障抢修效率
	抢修到达现场平均时长	
	抢修修复平均时长	
	故障抢修平均时间	
用电缴费	电价执行正确率	反映用户电费计量正确率
	缴费方便性	反映用户缴费的方便性

5.3.1.3　风险指数

风险指数是针对电网企业风险管理及防范工作，反映战略风险、运营风险、市场风险、财务风险、法律风险等相关指标的综合加权结果，其构成指标主要参考《中央企业全面风险管理指引》及国网现有的全面风险管理体系和内部控制体系；以企业战略风险、运营风险、市场风险、财务风险、法律风险为一级风险指标，进行细分后形成的企业全面风险管控三级指标体系。

风险指标或判别准则的目标值，主要被用来衡量系统风险大小以及危险、危害性是否可以接受，评价、判定系统的危险和危害性是高还是低，是否达到了可接受的程度，以及改善到什么程度时可以接受。可接受风险是指在规定的性能、时间和成本范围内最大的可接受风险程度。风险指标不是一成不变的，它将随着人们对危险根源的深入了解，随着技术的进步和经济实力的变化而变化。

风险管理与企业生产经营管理同样重要，可以帮助电网企业在业务经营活动中防范及规避风险的发生，避免给企业带来经济损失。出于与国际并轨的需要，在安全评价中经常采用一些国外的定量评价方法，其指标反映了评价方法制定国(或企业)的经济、技术情况，采用时必须考虑国外与国内定量评价方法之间的具体差异。具体可结合已有的风险指标体系及风险管理新要求，根据具体的经济、技术情况，对危险、危害后果、危害发生的可能性(概率、频率)和安全投资水平进行综合分析、归纳和优化，依据统计数据及相关标准，制定出一系列有针对性的危险、危害等级、指数，以此构建电网企业风险指数。

风险管理涉及面广，风险点及控制点多，需要有重点、分层次地开展风险管理与评价。风险管理应该实现以下功能：

首先是要反映决策层的战略目标。通过风险评价，应能准确定位影响战略目标实现的业务，强化业务的风险管控，确保公司战略目标有效达成。

其次是要推进管理层的战略执行。通过风险评价，一是可对风险进行判断、排序及量化，出具风险评估报告，使管理层准确掌握风险控制的有效性水平。二是可以通过风险预警找到风险点及该风险会影响到的经营目标，消除风险点。三是通过定期的评估及测试以及对内部控制问题与缺陷进行不间断的跟踪，为改进完善风险与内控管理体系提供支持，确保内部控制体系能够有效地实行。

风险管理主要指标如表 5-2 所示。

表 5-2　　**风险管理主要指标**

<table>
<tr><th>一级指标</th><th>二级指标</th><th>三级指标</th></tr>
<tr><td rowspan="3">战略风险</td><td rowspan="2">宏观环境风险</td><td>政策风险</td></tr>
<tr><td>宏观经济风险</td></tr>
<tr><td>公司形象风险</td><td>舆情风险</td></tr>
</table>

续表

一级指标	二级指标	三级指标
运营风险	物资(服务)采购管理风险	物资(服务)规划及计划管理风险
		物资(服务)采购方式执行风险
		物资供应合同管理风险
		应急物资管理风险
	电力交易风险	电力市场运营、服务风险
	工程建设管理风险	工程进度风险
	科研管理风险	科技项目实施管理风险
	人力资源风险	队伍稳定风险
	信息风险	泄密风险
市场风险	营销管理风险	营销规划风险
		供电质量风险
		变更用电风险
		电费回收风险
		管理线损不到位风险
		违约、窃电风险
		电能计量风险
		客户服务风险
财务风险	经营风险	现金流风险
		盈利风险
		偿债风险
		担保风险
		税务风险
	筹资风险	担保风险
法律风险	法律纠纷风险	合同纠纷风险

5.3.1.4 智能化指数

智能化指数是指围绕智能化技术在电网中的应用，反映智能电网经济性、可靠性、安全性、灵活性、协调性、经济性等相关指标的综合加权结果。智能电网是集发电、供电、输配电、用电等为一体的智能化电力系统，是由一系列技术和原有输配电基础设施高度集成而形成的新型电网，在提高供电可靠性及减少输电损耗的同时，有效提高了电网运行效率和需求响应度，促进了电网和社会经济的协调发展。智能电网具备可靠、经济、兼容、集成和安全等特点，可以解决精确供能、电力需求侧管理、电网自由接入、多电源互动以及分散储能等问题，不仅服务于大电网，而且服务于电力终端用户。

随着智能电网建设工作的推进，评估电网企业智能化情况，可为今后智能电网的建设及规划提供经验和依据。由于各国对智能电网的理解和定义各有不同，目前国内尚无相关标准可供参考，可结合已有电网评估指标体系及智能电网的特点，通过有机整合经济性、可靠性、安全性、灵活性、协调性、经济性等方面，以量化指标为主，构建电网企业智能化指数，用于对智能电网发展情况进行整体评价。

智能电网的建设是一个多目标、全过程、多维度的复杂系统工程，因此，智能电网评价指标体系也是一个多层次的指标体系。参照系统分析法和层次分析法的基本理论，智能电网指标体系总体框架设计由四个层级构成。其中，根据智能电网的作用和要求，围绕用户、负荷、设备、效益等影响智能电网评价指标体系的中间准则层可由四类指标构成。

一是反映供电可靠性和电压质量。智能电网供电可靠性是指在满足电网供电安全性准则的前提下，智能电网对用户连续供电的可靠程度。电压质量是反映供电企业管理水平的重要标志，主要通过电压水平来衡量。

二是反映智能电网发展灵活性和协调性。智能电网负荷的波动性，要求电网各个元件故障后智能电网的电网接线保持一定的变化灵活性。考虑到智能电网本身也是一个有机的整体，为体现电网的天然网络特征，智能电网的建设和发展还应保持电网与电源、电网与负荷以及各电网之间的相互协调。

三是反映智能电网设备利用效率。设备利用效率是智能电网整体运行效率的重要体现，是智能电网资产寿命期内自身价值得以充分发挥的重要标记。提升智能电网技术装备水平是实现企业优质供电、提升企业服务效率的主要手段。

四是反映智能电网的经济性和社会效果。智能电网通过对其建设方案进行经济性评价，可以提高其项目决策的科学化水平，充分发挥项目的经济效益，保证供电企业的经济生命力。同时，智能电网的建设发展对改善社会民生、促进社会和谐、提高优质供电服务水平等具有重要的影响力。

5.3.1.5　“四个最好”指数

按照“以指标看工作业绩，以指数看运营状况”的思路，运用指数化管理评价理念，构建公司“四个最好”指数、专业综合指数和地市综合指数，有力支撑国网“四个最好”和卓越本部建设目标实现。

(1)基于公司“四个最好”指标体系课题研究成果，构建公司“四个最好”指数。将“四个最好”指标体系从电网建设、企业运营、客户服务及队伍建设四个方面进行聚类，构建电网、企业、服务及队伍四个分类指数；基于业务明细数据在线监测分析，综合评价公司“四个最好”工作目标完成情况。

(2)根据公司本部各部门管理职责和业务范围，将指标按照专业的维度进行聚类，构建专业综合指数，综合反映相关专业对公司“一强三优”“四个最好”目标的支撑情况及其自身存在的问题、短板。通过指数追溯弱势指标，促进专业管理提升；通过指标分解与分析，定位关联责任部门，促进业务协同；通过专业综合指数监测成果应用，为本部卓越运营提供支撑服务。

(3)结合各市公司运营管理实际，将指标按照地市公司的维度进行聚类，构建地市综合指数，反映地市公司整体运营以及电网、企业、服务、队伍等状况。

5.3.2　指数研究方法

在指数计算过程中，采用灰色聚类三角函数方法对运营、智能化、风险、服务能力、信息化等状况进行综合评价，得到电网企业运营的各类指数。评价模型的基本步骤如下：

(1)通过主观赋权法确定各维度和指标权重。

(2)根据指标的白化权函数确定指标归属于各灰类的隶属度，得到综合聚类指数。

(3)由以上得出的权重和综合聚类系统确定评价对象的综合评价指数。

(4)依据评价指数，对企业运营、智能化、风险、服务能力、信息化等进行评价。

5.3.2.1　指标体系的赋权

指标体系的赋权包括两个阶段：首先是确定赋权对象，其次是确定赋权方法。

(1)赋权对象是指公司运营指数模型的各级维度和具体指标。

(2)赋权方法：赋权采用专家打分赋权法和其他方法，并考虑运营监测工作重点、企业负责人考核、同业对标指标体系的权重设置等因素，对权重进行相应调整。

专家打分赋权法采用定性排序与定量转化相结合的方法。首先由评价者对维度和指标进行主观排序。基本思想是：假设指标体系中有 N 个指标；专家集体讨论，对 N 个指标进行重要性排序。然后借助定量转化的方法将指标的排序转化为具体权重。

在进行重要性排序时，因为维度和指标之间一般不具备可比性，所以每一次参与重要性排序的指标应仅限在同一维度内。

定性排序与定量转化法的数学表达为：对于 n 个排序指标，若评价者对第 i 个指标的心理感觉量为：

$$S_i = \ln(n + 2 - i)\ln(n + 1)$$

则各指标的权重为：

$$n_i = \frac{S_i}{\sum\limits_{i=1}^{n} S_i} \qquad \sum_{i=1}^{n} W_i = 1$$

5.3.2.2　评价指标标准化

采用线性插值法对指标进行标准化处理时，主要工作包括设定指标限值、标准化计算和特殊指标处理。

(1)指标限值设定。为了使评价结果在纵向时间上具有可比性，需要首先确定指标的上、下限。为了保证指标限值设定的全面性和科学性，本书采用近十年的指标，从其中选取最大值与最小值作为基础，向外扩展 5%作为上、下限值，形成限值区间。当个别指标实际值超出标准值时，以上、下限值代替该噪点值，保证所有指标都落在限值区间之内。①对于正向指标(指标值越大越好)，首先根据各指标的实际历史数据确定一个下限 $x_{\min}$(即历史最小值)；然后在未来可预见的一段时间内，确定一个期望达到的最大值作为上限 $x_{\max}$(限于目前计划数据可得性的原因，在这里采用历史最大值，下同)。②对于逆向指标(指标越小越好)，首先根据各指标的实际历史数据确定一个上限 $x_{\max}$ 必(即历史最大值)；然后在未来可预见的一段时间内，确定一个期望达到的最小值作为下限 $x_{\min}$。③对于适度指标(指标越接近某一临界值越好)，首先根据各指标的实际历史数据确定上限 $x_{\max}$、下限 $x_{\min}$；然后在未来可预见的一段时间内，确定一个期望达到的适度值 x_{mid}。

(2)标准化计算。对于正向指标，指标标准化公式为：

$$y = \frac{x - x_{\min}}{x_{\max} - x_{\min}}$$

对于逆向指标，指标标准化公式为：

$$y=\frac{x_{\max}-x}{x_{\max}-x_{\min}}$$

(3)对于适度指标，首先按照公式 $x'=|x-x_{\text{mid}}|$ 将指标转化为逆向指标，然后按逆向指标处理。实际中，由于指标数值有可能超出所确定的阈值范围，此时对指标的处理为：当 y 大于 1 时取 y 为 1；当 y 小于 0 时取 y 为 0。

5.3.2.3　灰色聚类三角函数综合评价方法的指数计算

灰色聚类法是以灰色关联度为基础的聚类方法，不要求待分析序列有某种特殊的分布，计算过程简单，可以得到较多的信息。白化权函数描述的是一个灰类或灰数对其取值范围内不同数值的“偏爱”程度。基于灰色聚类三角函数综合评价方法的指数计算具体步骤如下：

(1)选取指标体系中的多个样本和多个指标。

(2)确定上、下限值区间。为了使评价结果在纵向时间上具有可比性，需要首先确定指标的上、下限；当个别指标实际值超出界限值时，以上、下限值代替该噪点值，保证所有指标都落在限值区间之内。

(3)进行指标的标准化处理。

(4)根据灰色聚类三角函数，计算灰类三角权向量和灰类等级化向量。

(5)用专家打分方法确定指标权重。

(6)结合灰类三角权向量、灰类等级化向量和指标权重得到灰色综合评价结果，即指数得分。

5.4　运营业务板块

5.4.1　主营业务监测

5.4.1.1　资产管理

(1)电网发展规划

电网发展规划管理突出规划引领，强化计划管控，建立公司统一规划、各专业相互协调、各类规划计划有机衔接的一体化规划计划管理体系，实施全公司规划、计划集中管理和统一编制。

电网发展规划重点关注售电量、线损、容载比、可行性研究报告批复量、电网“N-1”通过率、机构建设、人员建设、信息化建设等方面的数据监测。

(2)电网建设

电网基础建设业务，就是要统一电网建设管理流程、技术规范和建设标准，强化建设关键环节管控，加强工程项目和建设队伍的专业化管理，提高电网建设安全质量和工艺水平，提升建设管理效率和效益，实现电网建设同行业领先的目标。

电网建设重点关注开工项目计划完成率、变电工程计划完成率、线路工程计划完成率、投产计划完成率、均衡投产指标、工程结算概算变化率等方面的数据监测。

(3)设备运维检修

运维检修,就是要统筹公司人力、技术、装备资源,有效利用社会资源,实施检修专业化和运维一体化,全面深化状态检修,建立按电压等级运维检修输变电设备的生产体系。

设备运维检修重点关注城网和农网综合供电电压合格率、退役设备平均寿命、设备评价状态比例、危机及严重缺陷及时消除率、设备大修投入计划完成率、设备大修项目计划完成准确率等方面的内容监测。

5.4.1.2 运行管理

(1)调度管理

电网调度管理,就是要整合公司调度运行与设备运行相关业务,调整调度体系功能结构,变革组织架构,创新管理方式,优化业务流程,建立各级输变电设备运行集中监控与电网调度业务高度融合的一体化调度控制体系,实现国调、分调运行业务一体化运作。

电网调度管理环节重点关注用电负荷、负荷预测合格率、负荷率、年最大负荷增长率、网供电量、重载线路比例、重载变压器比例、GIS 计划停运率等方面的监测。

(2)电力交易管理

电力交易管理主要负责电力市场体系建设、电力市场交易计划管理、组织电力交易、交易合同和购售协议签订、参与电力市场规则制定、发布交易信息和管理市场主体交易行为等。

电力交易管理环节主要关注统调电厂月度计划上网电量执行均衡率、跨区年度购(售)电合同执行率、跨区跨省月度交易电量计划执行率、跨区跨省联络线交换电量、统调电厂上网结算电量、发电市场集中度等方面的业务数据监测。

5.4.1.3 营销服务

电网企业营销服务,就是要创新管理模式,变革组织架构,优化业务流程,实施 95598 客户服务、计量器具检定配送、营销稽查监控等核心业务的集约化管理,建立 24 小时面向客户的统一供电服务体系,形成业务在线监控、服务实时响应的高效运作机制,提高营销经营业绩和客户服务水平。

营销服务环节重点关注业扩报装时限、客户投诉、回访满意度、优质服务评价、营销服务规范率、故障报修到达及时情况、抄表及时率、抄表准确率、市场开拓情况、故障抢修恢复送电及时率、智能电表覆盖率等方面的业务监测。

5.4.2 核心资源监测

5.4.2.1 人力资源

人力资源监测具体包括用工的总量、年龄、工龄、性别、学历等分布以及人才当量密度、高技能人才比例、人力资源计划完成率、人力资源市场配置、全员劳动生产率、绩效管理等方面的业务监测。

5.4.2.2 财务资源

财务资源监测具体包括资产负债率、资产总额、负债总额、净资产收益率、国有资本保值增值率、单位贡献毛益、总资产周转率、流动资产周转率、总资产报酬率、单位资产售电量、单位电量输配电成本、每万元电网资产运行维护成本、平均输配电价、利润总额、每万元电网资产运行维护成本、经济附加值等方面的业务监测。

5.4.2.3 物资资源

物资资源监测具体包括物资计划变更率、物资采购标准执行率、物资采购计划累计金额、库存物资金额、物资入库金额、物资出库金额、库存周转率、供应计划完整率、供应计划完成率等方面的业务监测。

5.5 业务流程层

业务流程层涵盖国网的公司级端到端流程和部门级关键流程。其中公司级端到端流程包括电网基建项目流程、生产技改项目流程、生产大修项目流程、业扩报装流程、物资采购流程、购电交易流程、信息化项目流程等;部门级关键流程包括销户减容流程、停电计划流程、非生产大修项目流程、资产报废处置流程、95598投诉流程等。

5.5.1 电网基建项目流程

电网基建项目按照项目类型分为变电、交流线路、直流项目;按照建设性质分为新建和改建项目,主要包括项目前期、工程前期、项目施工、项目结算、项目决算转资、项目关闭六大环节。项目流程监测主要以项目所属单位、电压等级、项目类型、建设性质等为维度,具体包括:①开展六大环节时长监测,对比与规定时长、平均时长的偏差,掌握环节时长分布、结构、偏差、变化趋势;②开展设计招标在可行性研究报告(可研)批复之前、施工招标在初设批复之前、项目开工在合同签订之前三个流程的时序监测;③开展制度执行情况监测,从而全面实现项目建设全过程监测。主要监测环节及内容如下:

●流程总时长:从项目可研上报到项目关闭的时间。

●项目前期环节时长:从项目可研上报到项目计划下达的时间。

●项目储备子环节时长:从项目入储备库到项目计划下达的时间。

●工程前期环节时长:从项目计划下达,到项目开工的时间。具体包含:

a. 项目创建子环节时长:从项目计划下达,到项目在 ERP 中完成创建的时间。

b. 设计采购子环节时长:从设计采购申请提报,到设计合同签订的时间。

c. 初步设计子环节时长:从设计合同签订,到初步设计批复的时间。

d. 监理采购子环节时长:从监理采购申请提报,到监理合同签订的时间。

e. 施工采购子环节时长:从施工采购申请提报,到施工合同签订的时间。

f. 物资采购子环节时长:从物资采购申请提报,到第一批物资合同签订的时间。

g. 主物资到货子环节时长:从第一批物资合同签订,到第一批物资到货的时间。

●项目施工环节时长:从项目开工,到项目竣工投产的时间。

●项目结算环节时长:从项目竣工投产,到项目结算审批完成的时间。规定 220kV 及以上输变电工程的时长为 100 天内,110kV 及以下输变电工程的时长为 60 天内。

●项目决算转资环节时长:从项目竣工投产,到项目决算审批完成的时间。规定 220kV 及以上电网基建工程的时长为 6 个月内,其他工程为 3 个月内。当月转增资产。

●项目关闭环节时长:从项目决算转资完成,到项目关闭的时间。

5.5.2 业扩报装流程

业扩报装流程共包括供电方案答复、工程设计、工程建设、送电 4 个主要阶段,业务受理、现场勘查、方案答复、设计审核、中间检查、竣工验收、装表、送电等 30 个业务环节,不同报装电压等级、电源类型下的部分环节的时长略有不同。业扩报装流程监测主要按照供电单位、报装类别、电压等级、用电类别、行业分类维度，监测10kV及以上用户高压新装、高压增容及装表临时用电流程的总时长，对比各环节实际时长与规定时长、平均时长的偏差情况，掌握环节时长分布、结构、偏差、变化趋势以及相关制度执行情况，有序推动业扩报装速度，进一步规范业扩报装流程管理。主要监测环节及内容如下：

●业扩流程总时长：从业务受理开始，到流程归档结束的时间。

●业务受理环节时长：从受理客户申请开始，到业务受理结束的时间。受理当日录入系统。

●现场勘查环节时长：从业务受理结束，到现场勘查结束的时间。规定时长为两个工作日。

●确定方案环节时长：从拟定供电方案环节结束，到确定方案（复核/供电方案集中会审或网上会签/供电方案评审）环节结束的时间。

●答复供电方案环节时长：从确定方案环节结束，到答复供电方案结束的时间。

●设计文件审核环节时长：从设计文件受理环节结束，到设计文件审核结束的时间。

●中间检查环节时长：从中间检查受理结束，到中间检查结束的时间。

●装表环节时长：从竣工报验结束，到装表结束的时间。

●合同签订环节时长：从答复供电方案结束，到合同签订结束的时间。

●送电环节时长：从合同签订，到装表、竣工检验、配套工程验收等结束的时间。

●客户回访环节时长：从客户回访开始，到客户回访结束的时间。

●归档环节时长：从信息归档开始，到归档结束的时间。

5.5.3 配网故障抢修流程

配网故障抢修是针对电网企业产权中配网设备的故障研判、故障巡查、故障隔离、许可工作、现场抢修、停送电申请和操作、恢复送电等工作，按照故障报修类型分为高压故障、低压故障、电能质量故障、客户内部故障、非电力故障、计量故障六类。配网故障抢修流程主要包括业务受理、接单派工、到达现场、故障处理、工单审核、回访归档六个主要环节。配网故障抢修流程监测按照供电单位、电压等级、故障报修类型维度，监测配网故障抢修总时长及各环节时长，对比与规定时长、平均时长的偏差情况，及时掌握制度执行情况、环节时长分布、结构及变化趋势。

●流程总时长：从客服中心接收客户故障报修，到完成抢修、工单回访归档的时间。

●业务受理环节时长：从客服中心接收客户故障报修请求，到向市县抢修指挥班派发工单的时间。

●接单派工环节时长：从市县抢修指挥班接收故障报修工单，到向抢修班组派发工单的时间。

●到达现场环节时长：从客服中心接收客户故障报修请求，到抢修班组到达现场的时间。

●故障处理环节时长：从市县抢修班组到达现场，到恢复送电的时间。

●工单审核环节时长：从市县抢修指挥人员接收抢修班组回复工单，到审核结束的时间。

●回访归档环节时长：从客服中心接收市县抢修指挥班的回复工单，到回访客户后完成归档的时间。规定时长为一天。

5.5.4 物资采购流程

物资采购方式包括招标采购和非招标采购。物资采购流程包括采购计划、招标采购、合同签订、生产发运、合同履约、仓储配送、合同结算七个主要环节。物资采购流程监测按照供电单位、物资类型、采购方式、项目类型维度，监测物资采购流程总时长及各环节时长，对比与规定时长、平均时长的偏差，掌握环节时长分布、结构、偏差、变化趋势以及制度执行情况；分析流程总平均时长在各单位的均衡程度，掌握影响物资供应的从合同签订到合同结算环节的单位时长偏差分布；分析总时长在物资类型、采购方式、项目类型方面的分布，掌握超长、超短时长对应的物资及项目类型偏差情况；分析各环节时长分布，掌握占比较高且各单位、各物资类型差异较大的环节。

●流程总时长：从采购计划提报，到完成合同结算的时间。

●采购计划环节时长：从采购计划提报，到采购计划最终审核的时间。

●招标采购环节时长：从采购计划最终审核，到中标结果下达的时间。

●合同签订环节时长：从中标结果下达，到合同生效的时间。

●生产发运环节时长：从合同生效，到最后一批物资到货的时间。

●合同履约环节时长：从最后一批物资到货，到物资验收入库的时间。

●仓储配送环节时长：从物资验收入库，到物资配送至项目现场的时间。

●合同结算环节时长：从物资配送至项目现场，到完成合同结算的时间。

5.6　运营主题分析

运营主题分析主要围绕“清洁环保、安全可靠、经济高效、服务优质”四大目标，紧扣资产、电网、客户、市场和企业五个对象，开展清洁能源开发利用与监测、安全生产风险分析与监控、设备及供电可靠性分析与监控、资产全寿命周期经济性分析与决策、电网线损分析与决策、电力市场交易分析与决策、营销服务管理及市场分析与决策、企业全面绩效及风险分析与决策等主题分析。

资产、电网、客户、市场和企业是电网企业最基本的管理对象。在辅助决策分析中，围绕电网企业最稳定、最基本的管理对象进行数据分析，可以抓住分析决策中最根本的问题和最底层的原因，有利于风险的识别、控制和管理的提升。

(1)资产

资产指企业拥有或控制的能以货币计量的经济资源，包括各种财产、债权和其他权利。资产按其流动性(即资产的变现能力和支付能力)划分为流动资产、固定资产、长期资产、无形资产、递延资产、生物资产和其他资产等。

(2)电网

电网是在电力系统中联系发电和用电的设施和设备的统称，属于输送和分配电能的中间环节。它主要由联结成网的送电线路、变电站、配电站和配电线路组成。

(3)客户

客户是指通过购买产品或服务满足其某种需求的群体，也指跟个人或企业有直接的经济关系的个人或企业。电网企业的客户主要为各类用电单位和个人。

(4)市场

市场是社会分工和商品经济发展的必然产物，同时，市场在其发育和壮大的过程中也推动着社会分工和商品经济的进一步发展。市场通过信息反馈直接影响人们生产什么、生产多少以及上市时间、产品销售状况等。市场联结商品经济发展过程中的产、供、销各方，为产、供、销各方提供交换场所、交换时间和其他交换条件，以此实现商品生产者、经营者和消费者各自的经济利益。电网企业的市场主要为供电、变电、输电、配电、用电等交易环节形成的供需市场。

(5)企业

企业是主要运用各种生产要素(土地、劳动力、资本、技术和企业家才能等),向市场提供商品或服务,实行自主经营、自负盈亏、独立核算的具有法人资格的社会经济组织。电网企业具有公共服务企业所具有的特殊属性,相对于一般企业而言,肩负着更多的社会责任,需要在兼顾企业效益的同时,承担对员工、消费者及社会和环境的责任。

5.6.1 清洁能源开发利用与监测

水能、风能、太阳能等清洁能源的大规模开发和利用,是未来新能源发展的趋势。此类监测根据地区未来用电负荷需求和电网发展趋势,结合地区清洁能源储备规模、可开发规模、输送条件、不同类型清洁电源的发电能力及相关新技术发展等状况,建立灵活、可靠、自动的电源选址机制,为清洁电源科学选址提供决策依据;研究电源平衡发展方案,通过加强区间、跨区、跨省等规模的输电网建设,在全国范围内充分开发和消纳清洁能源;根据地区外部环境、气象等数据,结合历史运行数据,加强对风电、太阳能等清洁电源发电功率的预测,在保障电量供应充足、电网系统运行安全经济的前提下最大化地促进清洁能源并网。

此类监测重点关注能源发展规划、各类清洁电源装机规模及其变化趋势、安全并网技术、网源协调优化、清洁电源发电功率预测、电量消纳能力等的分析应用与研究,加快清洁能源配置平台建设;在满足电力系统安全稳定的前提下,不断推进新能源按计划有序并网,为新能源消纳创造有利条件,提升清洁能源开发利用效率,从源端实现电网清洁环保。

5.6.2 安全生产风险分析与监控

安全生产风险分析以电网安全生产过程中潜在的安全隐患、运行风险为管理对象,以现有信息系统管理数据为基础,结合气象信息、设备状态监控信息、故障信息、资源信息等实时数据,综合分析电网安全生产、检修作业、操作运行等方面潜在的问题和隐患,建立多维度的风险评估分析模型,对风险进行识别、判断、处理;通过对自然灾害、环境以及设备运行数据的收集和分析,兼顾经济性和可靠性,建立数学模型,对各类电网风险进行分析,并进行主动预防、预控,为电网运行应急指挥中心提供风险管控措施的动态评估,为电网风险管控措施改进提供依据。

安全生产监控重点关注输变电运行环境分析评估、设备资产运行监控、生产运行风险及应急分析、运行方式优化、设备综合评价等分析或应用的研究与建设，以提升电网运行的监控及预警能力；通过对二维对标数据和影响电网安全可靠性的管理因素的分析，研究电网企业风险评估与控制体系的理论和方法。

5.6.3　设备及供电可靠性分析与监控

设备及供电可靠性分析与监控利用设备基本信息和在线监测实时数据进行设备状态估计，准确判断设备状态，科学预测设备状态发展趋势，提高状态检修能力；收集并分析线路的电压和功率因数，识别电压和功率因数不合格的位置，根据电压和功率因数提前安排合理的运行方式或为电网规划提供决策依据；在原有综合检修计划的基础上，将应用扩展至公司基建、营销等各类项目计划，通过对计划的内容、时间及停电范围、停电次数、停电用户数等要素的综合分析，建立数学模型，按照设备利用系数和电网可靠性及效率进行迭代计算，实现对公司各类计划的综合安排。

此类监控重点关注运行方式分析、运行计划分析、停电分析、综合生产计划优化等分析或应用的研究与建设，深化改进设备状态检修模型及应用，以全面提高电网运行的可靠性和生产效率，构建基于资产管理运行系统的经济可靠性模型，研究电网企业成本、风险以及可靠性的动态平衡机制。

5.6.4　资产全寿命周期经济性分析与决策

按照评价指标体系的思路和原则，从安全、效能和成本三个方面对资产全寿命周期管理工作成效、工作质量、流程运转效率进行量化，形成相应指标或指数；按照公司资产全寿命周期管理总体要求，充分考虑电压等级、设备重要程度等影响因素，进行量化指标数据的标准化处理。建立资产安全、效能、周期成本分析评价模型，以及资产全寿命周期管理分析、评估、决策的数学模型。

重点关注电网投资综合分析，输变电项目全寿命周期成本分析，输变电主要部件质量、寿命与成本分析，人工成本分析，财务盈利分析，财务综合分析（经营、电费、资产、资金、产权），资产价值/残值评估，资产效能综合分析，供应商分析与评价，库存分析，物资需求预测分析等分析或应用的研究与建设，提升资产精细化管理水平，提升财务、物资管理经济性绩效。

5.6.5　电网线损分析与决策

利用监测的历史数据更准确地计算线损；基于设备模型，将关口电量数据、台区电量数据、营销售电量数据进行综合分析比对，识别线损薄弱环节，作为电网改造和规划的依据，进而降低线损；利用电网实时数据开展在线网损计算、电网状态估计等工作；提供短期或超短期电网状态和方式预测；通过分析电能信息数据、负荷数据、各种节能技术实践数据，建立电网节能降损技术、改造投资、节能效益、运行风险以及管理影响之间的数学模型，为电网改造、电网降损方案的制订提供决策支持。

重点关注电网线损精确计算与分析、在线网损计算、综合节能降损分析、电网状态和方式预估等分析或应用的研究与建立，将利用实时数据进行电网分析预测的各种工具引入电网风险分析与控制管理工作之中，有效规避各种风险，助力电网安全可靠运行。

5.6.6 电力市场交易分析与决策

通过对电力市场需求的预估以及对外部环境、气候因素和新能源产值等数据的综合分析，为各类新能源可上网电量、新能源需求电量的预测以及新能源接入方案的制订提供决策支持；通过对外部宏观政策、用电趋势、客户需求等要素的综合评估，实现对电力市场的综合平直分析，为电网稳定、有序用电、大客户用电精细化管理水平提升提供支持。

重点关注新能源接入总量分析、新能源接入综合分析、营销市场分析、需求侧管理分析、有序用电策略分析、能效分析、用电趋势预测等分析或应用的研究与建立，提升市场分析与预测水平。

5.6.7 营销服务管理及市场分析与决策

利用客户实时数据对电能质量进行分析，帮助改善电能质量；利用客户实时数据分析客户用电效能，辅助客户制订改善用电能效方案；利用客户实时数据分析准确了解客户用电习惯，并与(实时)电价机制结合，科学引导客户用电习惯；通过对客户信息、电网状态、生产计划、电网信息等的综合分析，实现以客户为中心的故障抢修，提升客户服务水平；通过对客户信息、表计数据、需求信息的综合分析，实现分析型客户关系管理，优化服务资源配置，提升电力服务的社会满意度。

重点关注客户关系管理、客户细分评价、营销工作质量分析、用户用电行为分析、客户需求预测、电量电费统计分析、以客户为中心的故障抢修等分析或应用的研究与建立，为实现多层次、多方位的客户服务提供决策支持，优化营销服务资源配置，提升公司服务质量和社会满意度。

5.6.8 企业全面绩效及风险分析与决策

以公司经营绩效和运行绩效为核心，研究并建立公司绩效分析模型，建立人、财、物管理绩效指标和贯穿电网规划、设计、建设、生产、运行、营销各环节的管理绩效指标；以公司战略风险和经营风险为核心，对电网发展、经营管理、资产风险、人才建设、产业发展、商业信誉、外部环境等方面存在的风险进行分析，研究风险控制的方法和措施，为公司风险决策提供支持。

重点关注公司经营风险、电网资产风险、外部风险、在线审计辅助分析、审计成果分析、监察成果分析、合同过程风险评估、基建工程超额超期预警分析、重大项目实时综合评估等分析或应用的研究与建设，实现对公司风险的多角度预测，有效管理和规避风险。

第6章　企业智慧运营数据地图

数据地图以结构化、可视化的方式，宏观展现数据资源全貌，微观管理具体数据及属性信息，同时引入实物资产的管理方式，建立数据台账，使数据能见、能控、能用，有效支撑大数据资产价值挖掘。

6.1　企业运营数据

6.1.1　电网企业运营数据

电网企业数据主要包括生产运行业务信息、资源管理信息、指标管理信息和其他外部信息。其中，生产运行业务信息主要包含发、输、变、配、用、调度等运行明细信息；资源管理信息主要包含人力、财力、物力资源管理信息；指标管理信息主要包含电力生产及电网规划、建设、运行、检修、营销等方面的专业运营指标等管理数据；外部信息主要包括宏观经济、环境、气象、地理信息等数据。根据数据本身的特点，可以将数据分为结构化数据、非结构化数据、实时数据和电网地理信息数据四类，如表6-1所示。

表6-1　电网企业数据分类

序号	类型	说明
1	结构化数据	结构化数据主要是关系型数据，数据来源于业务应用，用于横向共享、纵向级联、数据分析等
2	非结构化数据	非结构化数据是指文件类数据，可包括各种主流格式的办公文档、图片、XML（可扩展标记语言）、HTML（超文本标记语言）、各类报表、图像和音频
3	实时数据	实时数据是指生产运行过程中各业务应用生成的带时间标识的数据，数据主要来自各种采集和状态监控系统
4	电网地理信息数据	电网地理信息数据用于电网资源的结构化管理和图形化展现，包括图形数据、属性数据、拓扑数据

电网企业作为公益性服务企业，其数据除具有“3V”[容量(Volume)、类型(Variety)、更新(Velocity)]的特征之外，还具有“3E”特性[数据即能量(Energy)、数据即交互(Exchange)、数据即共情(Empathy)]。在企业数据量急剧增长、数据类型多样、业务应用全面深化的情况下，电网数据特性主要面临的问题如表 6-2 所示。

表 6-2　**电网数据特性**

序号	特性	面临的问题
1	海量化	业务和非结构化数据快速增长，传统数据存储与处理存在瓶颈
2	快速化	传统数据分析处理技术无法实现快速数据查询、实时分析
3	多样化	数据格式繁多，关系复杂，未实现统一管理，无法充分发挥数据价值

6.1.2　理解数据地图

数据地图指借鉴地理地图的理念，将地理地图的展现形式、地理信息、层级关系、用途类别等作为参考，实现数据资源的全方位展示。其中，运营监测数据地图可以对存在质量问题的运营监测数据进行溯源分析和影响分析，对问题快速作出定位，为全面深化开展运营监测数据质量工作奠定基础。

数据地图的具体实现过程是：以运营管理部门侧和业务系统侧接入的数据为切入点，确定各运营数据资源实体的数据分布和来源，明确运营数据的产生者和使用者，厘清运营数据的分布和数据流转蓝图，并从业务信息、技术信息、管理信息三个方面建立指标台账。用图形描述数据在各业务系统、各区域中的流转过程，形成全景数据地图。同时将大屏可视化及数据分析报表、工作台专题监测等应用场景结合，分析在实际工作中遇到的问题，提供业务溯源、数据溯源、系统溯源等技术支持，以便迅速发现并定位数据问题，确保未来运营管理部门和业务应用系统使用数据时有据可依，有据可查。贯彻“一个地图、一套机制”的理念，采用图形化分析运营数据的手段，强化运营监测数据从数据采集到数据整合再到数据应用过程的管理。

6.2　运营数据地图建设

运营数据地图的构建充分借鉴了实物资产的管理方式，通过梳理数据的属性信息和数据之间的关联关系，建立数据台账，形成数据台账地图，并在此基础上，参照地理地图的用途类别（地形地图、交通地图、水利地图、旅游地图等），从数据链路、质量、应用等方面分别构建数据台账地图、数据流转地图和数据应用地图。

6.2.1 数据台账地图

借鉴实物台账的管理理念，按照数据类别（指标或明细等）建立数据台账，支撑对数据基础信息的集约化管理。比如：实物资产有资产类型，数据有数据类型；实物资产有存放位置，数据有存储位置；实物资产有应用状态，数据有正在使用、停用等状态；实物资产有使用人、管理人，数据也有使用人、管理人等。同时，从基础、业务、技术、管理等方面对属性进行分类（元数据管理），支撑数据台账的增加、删除、修改等操作，实现数据的全生命周期管理。通过数据台账，可以查看、导出具体数据，支撑监测、分析工作的开展。

6.2.2 数据流转地图

通过自动采集或人工采集的方式，对数据流转位置、处理逻辑等信息进行记录和维护，形成数据流转链路，并在数据流转各环节设置监控规则，对流转问题进行预警及告警，及时发现并协助解决数据链路故障。基于数据链路，对数据应用过程中发现的数据支撑问题，实现追根溯源，快速定位问题的发生位置，从而协助解决问题。

6.2.3 数据应用地图

在数据台账管理的基础上，按照不同的数据应用场景，建立数据共享服务目录；通过搜索可以快速找到所需数据，并通过导出功能获取数据，有效支撑数据管理人员的监测分析工作，提升了数据的共享与应用服务能力。在支撑数据共享应用的基础上，通过自动统计或人工方式，对各项数据的应用频度、领域、成效、层级等信息进行采集和维护，并分别进行统计汇总，生成数据应用情况的统计报表及明细，全面掌握数据在监测分析工作中的应用情况，了解数据的价值与作用。

6.3 建立数据台账

电网企业运营数据根据其面向的业务主题不同（如财务、人资、营销），数据粒度不同(指标数据、明细数据),共享程度不同(部门专有、企业共享),产生方式不同(采集数据、系统生成、衍生数据以及公共代码)以及来源系统技术特点的不同,需要采用不同的数据标准、技术方案和管理手段。开展数据定义的首要任务,是按照不同的维度对运营数据(包括指标数据和明细数据)进行全面评估,对当前及未来 3～5 年的业务和数据需求进行初步的分析,并在评估和分析结果的基础上,形成一个多维度、多级别、多类型的运营数据分类体系框架,如图 6-1 所示。

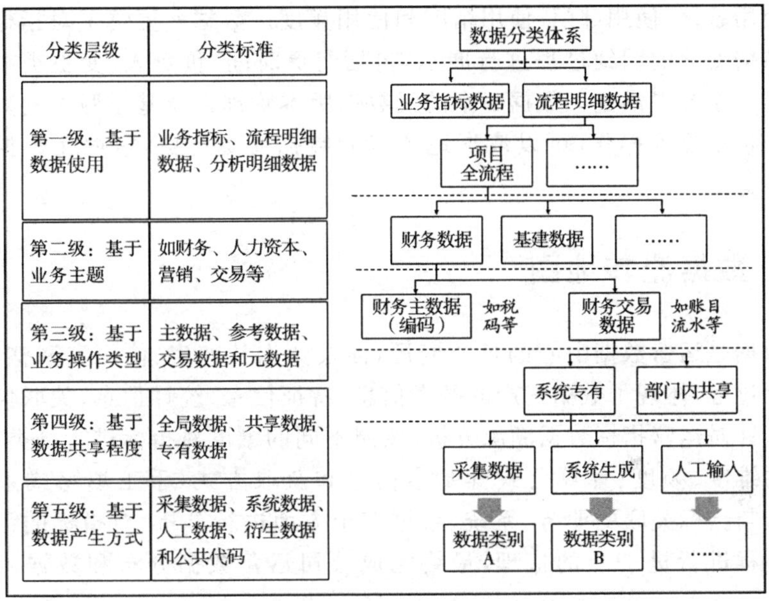

图 6-1　企业数据分类体系框架

基于企业数据分类体系框架,梳理各级各类数据台账信息,建立运营数据分类卡片,对指标数据和明细数据进行梳理和归并。其中,指标数据台账的内容包括但不限于指标数据的指标名称、指标定义、计算公式、指标单位、指标频度、数据精度、指标时期、统计口径、责任部门、历史范围、维度组合以及明细数据的数据表结构、字段定义、取数逻辑、取数频度等关键信息,这些内容具体可分为业务信息台账、技术信息台账和管理信息台账这三部分。

业务信息台账主要包括指标编号、业务领域、关注点、指标类别、责任部门、负责人、指标精度、提供时限、统计口径、指标定义、计算公式、监测频度、监测维度、指标精度、预警阈值、告警阈值、系统是否支撑、指标的分解情况,多用树状图方式直观地加以展示。

技术信息台账主要反映运营数据的存储、分布和流转等技术参数，具体包括数据字典和数据溯源等。在技术信息中能够基于数据资源地图，以可视化的方式对其进行影响分析，查看该指标向后的流转过程，从而分析所选指标与其他指标的关联关系以及该指标最终被使用的场景。

管理信息台账主要反映运营数据运营过程中所发生的变化和使用情况，具体包括数据质量概况、数据使用情况和数据变更情况。其中数据质量概况可关联至详细的数据质量报告，对指标的接入率、及时率、完整率、准确率用仪表盘的方式进行展示。数据使用情况展现指标最终被使用的场景，包括使用系统、使用部门、使用精度和使用频度。数据变更情况对指标数据发生结构变化的明细过程进行展示，包括变更时间、负责人、变更类型和变更内容。系统提供定义数据版本的元数据版本管理以及基于版本的数据查看、比对、恢复等操作，可以清晰地了解元数据变更历史，掌握元数据生命周期。

6.4 数据流转地图

数据是运营数据中心的核心资源，涉及数据从产生、使用到调整、废止的整个过程，体现了数据资产的基本信息、特征信息、统计信息、关联信息等内容。针对运营指标数据溯源分析，按照不同的维度对指标进行分类，明确指标的维度、频度、计算公式等基本信息和获取方式（手工填写或系统获取），从与指标关联的业务、系统、数据三个方面进行分析，对指标的汇总和形成过程进行进一步的梳理，最终完成公司运营数据分布和数据流转全视图。

6.4.1 数据溯源分析

6.4.1.1 业务溯源

业务溯源主要是从业务角度对指标的汇总形成过程进行梳理。业务溯源基于业务分类和业务主题对指标进行分析拆解，厘清各级指标间的业务关联关系，明确指标计算和汇总过程涉及的关键业务定义和业务节点，形成指标的业务溯源视图。基于业务溯源视图可了解指标数据的来龙去脉，并可自底向上跟踪指标数据情况。以城市供电可靠率指标为例，该指标的业务溯源视图如图 6-2 所示。

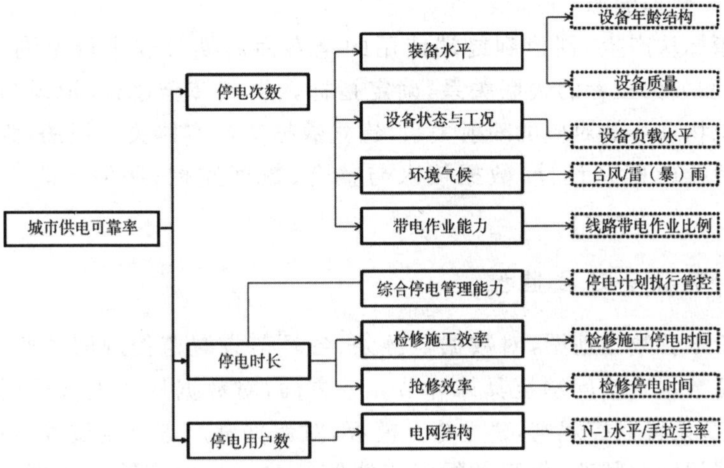

图 6-2　城市供电可靠率指标溯源视图

6.4.1.2 系统溯源

系统溯源主要是从系统角度对指标的汇总形成过程进行梳理。通过系统溯源，明晰指标数据源自的权威业务系统，厘清其系统内和系统间的数据分布和数据流转关系以及指标在其归属系统上的核心应用场景和展示环节，构建完整详尽的指标数据系统溯源卡片。以工程竣工结算按期完成率为例，建立的指标数据系统溯源卡片如图 6-3 所示。

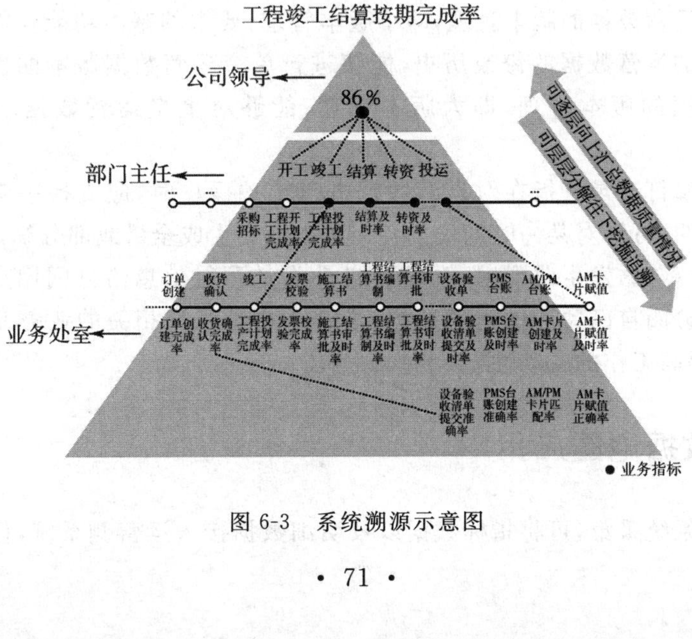

图 6-3　系统溯源示意图

6.4.1.3 数据溯源

对指标从产生、创建到终端使用的全寿命周期过程进行追溯，确定业务、系统和数据三者的关联关系，确定指标数据流转全过程，记录与各个层次的系统物理存储对应的映射关系，建立数据资产实体关系视图，为运营数据中心后续的模型设计、数据接入与整合、数据监控、评估与改进等提供依据。

6.4.2 数据全过程监控

基于运营数据地图，对数据全链条、各环节设置监控规则和监控指标，便于定位数据质量问题至具体环节。一方面，对数据从产生到使用的各个过程、环节设置监控规则，建立核查模板，对数据资产进行全过程监控，及时定位数据问题并整改，保障数据资产能够及时可靠地流转和使用。另一方面，建立闭环的数据问题跟踪管理流程，对于无法立即解决、须由相关各方协同解决的问题，由专人负责提交、沟通、跟踪和关闭，从而确保接入数据的质量及效率。

6.4.3 数据变更管理

运营数据变更管理包括变更通知和版本管理两个部分。

指标数据的版本管理针对的是国网下发的指标需求表和分解表中产生的变更信息。每次下发之后，国网便将其作为一个新的版本，能够发预警给相关的订阅人员。

单一运营数据的版本管理，即小版本管理，要求的基本功能是能够显示同一实体的运营数据的修改历史，能够进行单个运营数据版本的恢复。批量运营数据的版本管理，即大版本管理，能够对批量运营数据统一指定版本。

版本修订记录是指在对运营数据进行维护操作时，应支持手工运营数据变更说明，可针对某一时间段的各个版本变更生成全量或部分修订记录。

当运营数据发生改变时，系统会自动发送预警信息给订阅用户。用户可以主动订阅自己关心的运营数据，了解与自身工作相关的业务系统的变更情况，提高工作的主动性。

6.5 数据地图应用

通过系统采集，可将指标数据以及明细数据接入运营侧系统，但该过程存在数据质量不高而无法追溯等困难。通过实施数据资产管理平台，基于运营数据资产梳理的工作成果，构建了运营管理部门数据资源地图，以拓扑图的形式对运营数据的实体、数据处理过程进行分层次的图形化展现，支撑运营管理部门开展运营数据的业务溯源、数据溯源、系统溯源。其主要需求和目标说明如下：

6.5.1　建立指标台账

通过对运营管理部门侧和业务系统侧的指标数据的梳理，明晰运营管理部门指标数据与业务系统明细数据间对应的概念实体、物理实体、取数字段及属性、数据实体间的流转关系等信息，从业务信息、技术信息、管理信息三个层面建立指标台账，重点管理指标的基础信息（指标编号、业务领域、关注点、指标类别、责任部门、指标定义、计算公式、预警阈值、告警阈值等），运营数据的存储、分布和流转等技术参数以及指标数据质量概况、指标使用情况和指标数据变更情况。

6.5.2　实现应用场景数据溯源

目前，运营管理部门建设了可视化大屏等日常工作中常用的工作台。在高速发展上端应用的背景下，也产生了对现有实现功能进行统一管理的要求。由于厂家及人员的不稳定性，交接手册和交接文档不尽完整，导致应用场景中数据的构成情况没有实现统一汇总。通过数据地图实施项目，可以将部分大屏、专题工作台以及电能质量分析专题的数据统一纳入数据地图管理工具，实现数据溯源，明晰数据来源情况并能够查询到对应的数据库信息。

6.5.3　实现数据资产信息概览

大数据时代的到来，让“数据即资产”成为最核心的产业趋势。目前，运营中心的数据接入、存储、分析、应用等环节都产生了一大批文档，采用分头管理形式，没有形成反映数据资产总貌的报告。通过数据地图实施项目的开展，将数据信息进行统一管理，可使人迅速对数据资产的接入、存储、分布、应用情况有整体了解；通过形成汇总式的报告，可以对运营管理部门各区域指标数据的拥有及使用情况、不同系统明细数据接入情况等有宏观上的了解，并可以实现逐层穿透至详细信息。

6.5.4　实现数据灵活查询

目前，对数据的查找方式是逐个到底层数据库中进行查找、提取，存在操作不方便、业务数据和实际表中的数据脱节等诸多问题。通过数据地图的实施项目，可以对多数据源进行管理，通过简单的“拖拉拽”方式，即可在页面中进行数据查找；数据间进行对比时，甚至可以做更高级一些的趋势分析、占比分析等，并且以图形化的方式进行展示，同时可以将常用的个人查询页面保存成固定报表。

第7章　智能化运营平台

智能电网是当今世界电力自动化系统发展的最新动向，被认为是21世纪电力系统的重大科技创新和发展趋势。智能化运营平台是智能电网运行和管理的“中枢神经系统”。

7.1　智慧运营智能平台实践

7.1.1　运营平台架构

电网企业智慧运营需实现能源生产、能源输配、能源消费、信息通信、物联网领域的数据技术的相互融合，对数千万设备的运行状态进行毫秒级实时监控，支撑清洁能源接入、电动汽车充放电和数亿用户双向互动，提供智能决策支持，解决海量数据的存储、抽象建模、互操作和故障的快速恢复等问题。因此，“云大物移”等新一代信息技术将得到大量应用。

智能化运营平台将形成“一个中心、四类数据、三层应用”的结构，其中，一个中心指以全业务统一数据中心为底层技术依托；四类数据指结构化数据、非结构化数据、GIS数据、实时数据；三层应用是形成满足操作层、管理层和决策层的三层辅助决策分析应用。

如图7-1所示，运营平台架构体系主要分为三层：信息集成层整合各种业务系统的结构化和非结构化数据，构建数据管理服务平台；应用服务层整合业务模块，根据粒度大小整合业务服务对象，实现基于数据挖掘模型的知识发现，并通过消息通信和工作流技术进行业务衔接，跨越多个应用进行业务流程整合；展现层主要实现系统访问层次上的整合，向用户提供统一的交互模式。

7.1.1.1　信息集成层整合

电网企业目前已积累了许多关于电网运行、管理、能源、环境等方面的数据，这些数据位于SCADA(数据采集与监视控制系统)、EMS(能量管理系统)、TMR(关口电能计量系统)和GIS等系统中。由于这些数据的分散性、异构性，再加上安全分区、横向隔离的要求，很难直接获取这些系统的数据并发现隐藏在海量数据背后的信息或知识。为了发现并利用这些信息或知识，首先需要对数据进行整合，对这些分散的数据进行抽取、转换、加载和清洗，然后基于该数据信息平台进行相关主题的数据挖掘，以获取所需要的知识。

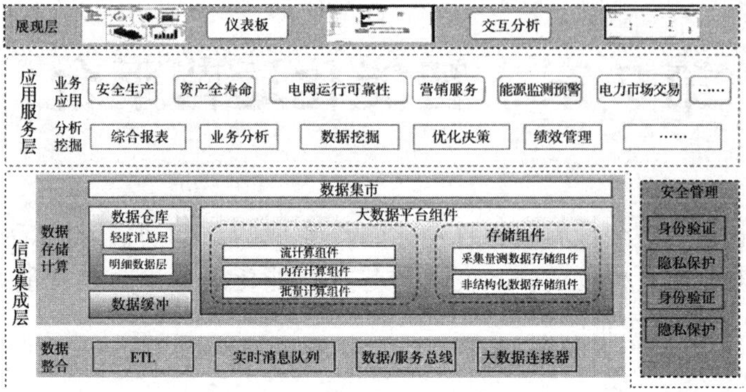

图 7-1　智能化运营平台架构

7.1.1.2　应用服务层整合

业务流程整合是将原有的分散于企业内部或外部的“业务流程断点”进行链接，完成业务活动自动化的过程。利用工作流、消息、协同等技术，实现跨系统整合，可以使跨部门业务在网络环境中实现对同一事务的协同处理，降低服务对系统交互的信赖性。服务之间通过简单、精确定义的接口进行通信，实现各系统间的业务流程整合和管理。

7.1.1.3　展现层整合

展现层实现信息系统用户交互层次的整合，访问企业内分布存储的、各种来源的信息内容，并提供统一的检索和内容访问控制，实现各个业务应用访问的集成，提供集成化的服务，实现信息查询和报表展示。

7.1.2　数据中心构建

7.1.2.1　数据接入及管理

在整个数据分析与决策的过程中，对数据的引入和融合是智能电网下进行数据分析与决策的关键。一方面，随着信息技术的不断发展，大量数字化的信息积累在一起，甚至淹没在数据的海洋之中；另一方面，社会各界对电网企业服务的及时性、信息的准确性和集成性提出了诸多要求，这些数据的质量直接影响智能化运营系统全面监控、运营分析、协调解决和全景展示的应用效果和质量。为了提高运营数据质量，需要进行数据质量管理专题研究，确定数据稽核管理办法与机制、数据稽核核查规则、数据稽核达标实施方法、考核及评价方法、接口监控管理工具等。

7.1.2.2　数据存储管理

为了利用不同格式、不同访问模式的海量数据，需采用大数据技术，优化关系型数据库集群、分布式实时数据库、分布式文件系统等存储基础措施，以支撑四类数据的中心存储及处理能力，同时需充分考虑效率、成本、弹性扩展、可靠性等因素。电网企业结合自身情况，选择了集群的方式来实现数据存储管理，这种存储管理方式具有以下几个特点：

(1)高效率。可采用集群方式，在多台 PC 服务器上分布存储、并行计算，相比传统的单一数据库服务器，能够更高效地帮助我们在海量数据中找到有用的信息，而且并行的 PC 服务器越多，处理速度越快。

(2)成本低。可以通过普通 PC 服务器组成集群来分发、处理数据，每台设备的硬件成本都是相当低廉的，而且每个节点都是运行在免费的操作系统上面，这比传统的高端小型机和大型网络存储设备具有更高的成本优势。

(3)弹性扩展。当系统能力不足时，简单地添加新的 PC 服务器，即可完成精确的系统扩容。每一台 PC 服务器的添加，都会同步提升整个系统的存储能力和计算能力。因此我们可以按需以最小的代价平滑、快速地扩展系统的承载能力。

(4)高可靠性。这种存储管理方式能自主地维护数据的多份复制，并且在任务失败后能自动地重新部署任务。众所周知，网络化的整体可靠性远远高于单机的可靠性，支撑集群可靠性的 PC 服务器可多达几十台甚至上百台，我们再也不会遇到双机备份的核心设备整体宕机的可怕后果。

7.1.3　数据管理服务

数据管理服务的核心是统一数据模型构建、企业级主数据建设与应用，通过对数据定义、存储、使用的统一规划和管控，为跨专业、跨系统数据集成与应用提供支撑。数据管理服务通过统一数据模型的完善设计及全面覆盖，解决系统间数据模型不一致、跨专业数据应用困难的问题；强化企业级主数据管理，实现主数据的全面深化应用，解决同源数据重复录入、数据编码不统一的问题；充分发挥主数据管理平台的作用，实现核心业务主数据的统一管理和维护，确保“源端唯一、一处维护、多处使用”，最终实现模型规范统一和主数据唯一，保证全公司范围内数据的一致性、准确性和可用性。

7.1.4　统一分析服务

7.1.4.1　业务应用主题

为有效支撑决策分析，需要从电网公司的经营管理、执行等方面选择主题进行分析，以期达到分析效果。决策主题选择需把宏观决策进一步具体化，并且为微观决策提供指导。数据信息量巨大，必须借助于数学知识及计算机和心理学等领域的决策技术以及专家集团。在数据处理的基础上，还要提出实现领导决策目标的具体假设及条件，制订各种选择方案并进行可行性分析，拟订应变对策、协调措施以备用。

决策分析主题主要关注决策层、管理层、操作层的分析应用，从而为公司各级人员提供智能辅助决策支撑。①决策层分析与决策：基于电网公司经营层的指标分析、战略指标监控等，重点在数据中心的应用上。②经营层分析与决策：基于各应用系统的分析以及客户信用、设备状态、电网投资优化。③作业层分析与决策：基于实时数据库下的状态信息分析、智能监控、预警等应用，为业务操作和控制人员提供决策支持，支撑智能电网建设和运行。

7.1.4.2　集成分析挖掘技术

传统的基于数据的管理信息系统已经不能满足决策者对数据应用的需求，面向决策的知识管理系统与决策支持系统相结合是目前最迫切的需要。系统采用功能强大的元数据作为调度中心，支持数据抽取、转化、装载、分布式计算、分析挖掘等功能，提供统计分析、多维分析、挖掘算法库、数据挖掘工具及可视化等组件，具备数据处理、模型构建、模型运行、模型发布等功能，全面支持企业的生产、销售、营销、财务管理、企业决策等领域的活动。具体数据挖掘方法如图 7-2 所示。

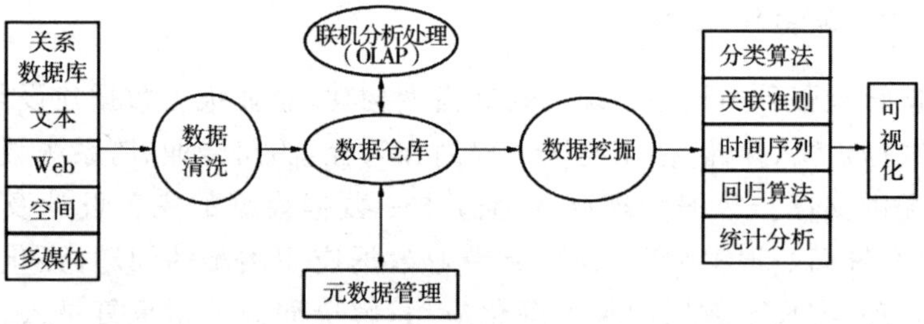

图 7-2　数据挖掘方法示意图

7.1.4.3　决策模型构建

决策模型构建分为五个阶段：

(1)概念理解。从概念角度理解项目的目标和要求，然后把理解转化为待解决问题和一个旨在实现目标的初步计划。

(2)影响因素分析。从概念理解提升到业务理解层次，分析影响决策模型结果的主要因素，为数据选择提供依据。

(3)数据准备。该阶段包括将未处理的数据集中构造为最终数据集的所有活动。处理后的数据将成为模型的输入值。这个阶段的任务有的需要执行多次，没有任何规定的顺序。

(4)模型构建。该阶段主要是选择和应用各种建模方法，同时需对模型参数进行校准以达到最优效果。通常对于同一个决策模型，会有多种可选择方法，一些方法对数据格式有特殊的要求，常常需要返回到数据准备阶段。

(5)生成模型系统。此部分包括模型评价和系统生成两部分，从数据分析的角度建立了高质量的模型，确保模型可以完成业务目标，并实现一个比较复杂的、可重复决策的模型构建过程。

7.1.4.4 形成决策分析应用

围绕构建的决策模型，运用预先选择的分析法对决策模型中的构成要素进行逐一分析，对内部进行充分的剖析与解读；帮助业务人员进行理性思考，能够为决策理论提供更为广阔的理论支持。由于业务人员缺少模型知识方面的培训，可能在理解上存在误差，需定期生成业务报告以更准确地描述模型结果。

7.2 数据中心构建

数据中心是指业务系统、物理资源集中、数据资源管理与数据共享、应用分析、应用集成的有机结合，是全业务、全类型、全时间维度数据的汇集中心，为电网企业辅助决策类应用提供完备的数据资源、高效的分析计算能力及统一的运行环境，支撑企业级数据分析应用的全面开展。

数据中心作为企业信息集成平台运作的核心，主要通过信息网络，借助统一的运行环境对来自不同业务系统的数据进行抽取、转换和加载，加工形成可供操作的数据仓库，用于综合查询、多维分析等综合业务，并进行数据挖掘等更高级的业务分析应用。全业务统一数据中心主要包括业务系统、基础设施、大数据平台、电力公共信息模型及业务应用等，其架构如图 7-3 所示。以下分别介绍基础设施及企业大数据平台。

7.2.1 基础设施

数据中心根据不同的形状、大小、关注点和设计方法，能够反映出不同的参数和技术的选择。有一些数据中心或技术环境规模很小，如设备室或设备间；还有一些则是超大规模的，范围相当于几个足球场。根据所支持的不同应用类型,有的数据中心拥有较多的服务器和相对较少的存储器及网络设备,而有的则是存储器多于服务器和网络。数据中心可以分为几个层级,第一层级拥有最低的可用性和实施成本,第四层级对设备拥有最高级别的保护,同时也是在技术上花费最高的。应当注意,在某一设备中,可以为不同的区域配备不同级别的保护。例如,在第四层级的数据中心,有些区域需要配置第四层级保护,而其他一些地方只需要配置第三层级、第二层级保护,甚至可以为一些不需要高可用性的基础应用服务配置第一层级保护。数据中心有不同的标准,其中 TIA-942 是电信行业协会的标准。

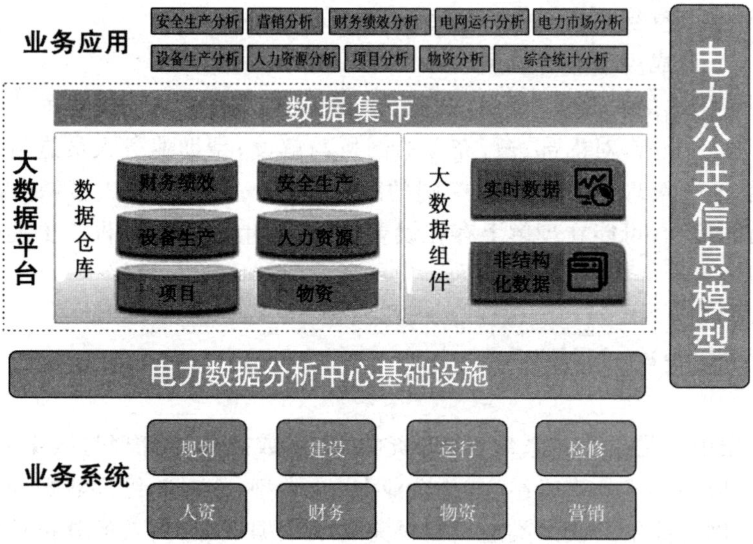

图 7-3　数据中心架构图

(1)第一层级数据中心

第一层级数据中心可以是机房或设备室,它不包括冗余的设备、工具和网络服务,是最基本的技术布局。它的不足是存在可能的单点故障或是缺乏故障隔离技术。通过加入 UPS(不间断电源)设备、备用发电机或是加强辅助通信及网络的能力,可以提高第一层级数据中心的实用性。

(2)第二层级数据中心

在比较大的数据中心里,第二层级数据中心结合了第一层级数据中心的特点,并加上了冗余的 IT(信息技术)设备,以此提高可用性和对数据的保护能力。第二层级数据中心的特点是包含了多个服务器、存储器、网络设备和电信设备,这对依赖于电子邮件、网络或网上在线服务的业务来说是非常重要的。第二层级环境包括一个与其他区域相分割的、规范的数据中心或是机房。

(3)第三层级数据中心

第三层级数据中心结合了第一层级与第二层级数据中心的特点，同时利用冗余的供电设备和网络来增强可用性、可访问性和生存性。它的特点包括冗余的电力和网络资源，以主动——被动或是双主动模式(负载平衡)提供冗余的电源和冷却系统、冗余的网络带宽服务提供商、针对业务连续性和灾难恢复保护的辅助或替代性站点。精心选址也很重要，要综合考虑建筑抵御风险的能力、可用电源、网络连接点、成本和透明度等一系列问题。

(4)第四层级数据中心

第四层级数据中心结合了第一、二、三层级数据中心的特点，同时添加了完全冗余和可容错的设备来增强数据中心的可用性。第四层级数据中心在不同的区域之间设有隔离区和分配区，比如在收发区、中转区、供应保障区和主要建筑之间；物理构造也更加坚固，以适应龙卷风、飓风、洪水等自然灾害的威胁。同时，第四层级数据中心还安装了电子监视和安全监控系统，加强了安全防护。

7.2.2　企业大数据平台

电力数据中心基于大数据平台实现业务数据接入、整合、储存及计算等，实现业务数据的有效共享；业务应用主要基于数据集市，开展效率、效益、风险等业务分析。企业大数据平台架构主要分为数据接入、数据存储、数据计算、统一分析服务等四个部分，如图 7-4 所示。以下介绍数据接入组件、数据存储组件及数据计算组件。

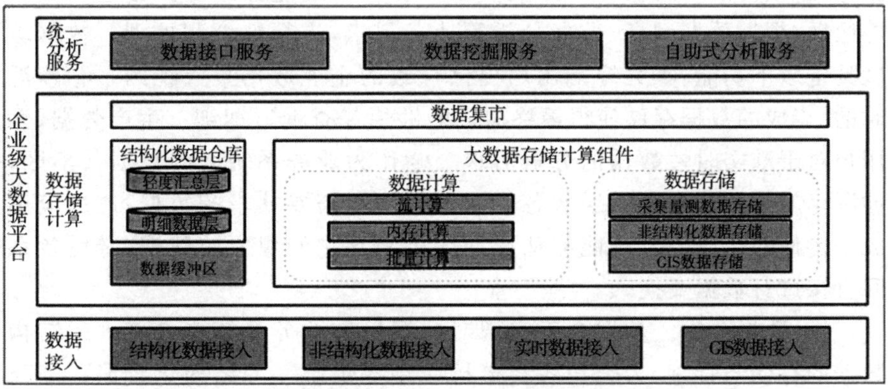

图 7-4　企业大数据平台架构

7.2.2.1 数据接入组件

数据接入组件主要负责将源端业务系统中的四类数据汇集至企业大数据平台，同时对数据进行模型转换、数据清洗。

(1)结构化数据接入组件用于把结构化数据从源系统接入分析域，同时在分析域内的各存储组件之间进行数据清洗和转换，具备数据同步复制和数据 ETL(抽取、转换、加载)功能。

(2)实时数据接入组件用于将实时数据从源系统接入大数据平台，包含增量数据接入模块和历史数据迁移工具。实时类系统数据的提供方式具有专业化、定制化、多样化的特点，因此实时类数据接入组件应具有较强的接口适配、异常处理、数据解析、存储模型转换等功能。

(3)非结构化数据接入组件主要负责将源端业务系统中的非结构化数据接入大数据平台，实现海量系统日志、数据交换文件、照片、视频等格式的数据的采集，且具备对数据进行简单处理并写入大数据平台的能力。

(4)GIS 数据接入组件主要负责将源端业务系统中的 GIS 数据接入大数据平台，实现海量地理格式数据的采集，具备对地理数据进行解析和数据转换能力。

7.2.2.2 数据存储组件

数据存储组件提供对结构化数据、实时数据、非结构化数据、GIS 数据的存储功能，可以满足企业大量、多样化数据的低成本存储需求。数据存储方面主要涉及的组件包括结构化数据存储组件(数据缓冲区、数据仓库、数据集市)、实时数据存储组件、非结构化数据存储组件和 GIS 数据存储组件。

(1)数据缓冲区。数据缓冲区组件存储来自源端业务系统的结构化数据，为后续清洗和转换提供原始基础数据。源端业务系统数据进入数据缓冲区后，根据数据归仓、数据分析等业务需求，进行整合和处理。数据缓冲区具备以下功能：①为终端用户提供一致的企业数据集成视图。②接近实时的、集成的数据存储使得最终用户能够快速查询近期细节生产数据，满足用户对于准实时性数据的分析需求。③作为业务系统间的数据共享区，缓冲区存放数据仓库所在层次各个业务系统间需要共享的数据，通过应用集成平台使各个业务系统能够从缓冲区访问到它们想要的数据，避免各系统间直接进行数据交换。

(2)数据仓库。数据仓库实现对公司所有业务系统全量接入的结构化数据的存储与管理，为公司各类分析应用提供统一的结构化数据存储与分析支撑。内部逻辑划分为明细数据层和轻度汇总层。明细数据层用于存储数据缓冲区存储的经过编码统一、数据同源、数据规范化后形成的企业级业务明细数据；轻度汇总层用于存储数据仓库明细数据层中经过轻量汇总、轻量合并等处理过程的数据。

(3)数据集市。数据集市是一组特定的针对某个主题域、部门或用户分类的数据集合。数据集市的数据由结构化数据仓库或大数据平台的数据经过处理转换而成，直接支撑前端的应用需求。这些数据需要针对用户的快速访问和数据输出进行优化，优化可以通过对数据结构进行汇总和索引来实现。数据集市的数据按分析主题进行组织和存放，数据模型一般是星形结构。

(4)实时数据存储组件。实时数据存储组件应提供分布式列式存储、分布式内存存储等数据存储方式，满足业务应用对海量数据的高并发读写、高效率存储、高扩展性等要求。其中，列式存储主要用于提供较低延迟的读写访问，承受高并发的访问请求；内存存储主要应用于高性能实时查询分析场景。

(5)非结构化数据存储组件和GIS数据存储组件。这两类存储组件基于分布式文件的数据存储架构，支撑安全的PB级以上规模非结构化数据在线存储，满足大量、多样化数据的低成本存储需求，具有一次写入、多次查询的特性，能降低并发性控制要求，简化数据聚合性，支持高吞吐量访问，应包括文件存储、文件树管理、批量加载、在线监控功能。

7.2.2.3 数据计算组件

数据计算组件提供分布式运行引擎和协同计算功能，具有流计算、批量计算、内存计算等能力，可满足各类业务应用不同时效性的数据计算需求。

(1)流计算。数据计算组件具备数据实时计算能力，能将一定时间内窗口内应用系统产生的流动数据不进行持久化存储，直接导入内存进行实时计算；从实时变化的、无序的数据中获取有价值的信息输出，适用于对动态产生的数据进行实时计算并及时反馈结果。

(2)内存计算。数据计算组件具备利用CPU和内存的速度和性能优势，能将数据存储和计算全部放置于主内存中，结合并行计算技术，消除磁盘I/O性能瓶颈，实现数据快速计算，提高系统并发访问能力。该组件应具备任务定义、任务提交、任务调度、任务监控功能。

(3)批量计算。数据计算组件具备基于MapReduce的并行计算框架，能把并行计算所涉及的诸多系统层细节交由计算框架去完成，具备分布式计算、批量数据处理等基本能力，用于解决传统的离线数据处理问题，适用于非实时、无交互的数据应用场景。

7.3 数据管理及服务

电力大数据不仅是技术层面的更新、进步，更重要的是代表电网企业在大数据时代之下的发展理念、管理体系以及技术路线等方面的重新定义，是继“智能电网”之后面向更高阶的“智慧电网”的必然的价值形态飞跃。

7.3.1 数据管理体系

7.3.1.1 数据管理意义

电力数据是能源变革中电力工业技术革新的必然过程。企业运营管理部门作为大数据的接收者、管理者、使用者，建立企业的运营数据管理体系，在重塑运营管理部门核心价值、转变运营管理方式及提升电网大数据价值挖掘能力等方面具有积极意义。

(1)重塑运营管理部门的核心价值

企业运营管理部门以数据及时接入、准确接入、有效接入为工作价值体现。它重视接入数据的规范性和质量，却在一定程度上出现了重接入、轻管理、少应用的情况，这是运营管理部门在核心价值提升方面面临的最大挑战。大数据管理体系将数据资产化，并对资产化后的大数据进行全方位管理，有效地挖掘出数据本身所蕴含的尚未被应用的巨大商业价值。

电力大数据管理体系通过对电网企业运营管理过程中产生的明细数据和指标数据进行有效管理和深度价值挖掘，驱动运营管理部门从数据价值体现的高度重新审视自己的核心价值，由以往的接好数据向管好数据、用好数据进行转变，并最终落脚到如何更好地服务企业发展这一根本任务上。

(2)转变运营管理方式

运营管理部门作为企业运营数据的管理者，不能局限于某一部门的业务数据的接入，而应着眼于整个企业的数据接入，这样有利于掌握整个企业的运营状况。在建设阶段，运营管理部门主要是按照业务数据需求表、业务指标手册等要求，及时、准确、有效地将企业运营数据进行汇总及分发，其间更多担当的是“二传手”的角色，很少对运营数据中所蕴含的巨大商业价值有所提炼和应用。

建立和应用数据管理体系后，运营管理部门可以向企业决策层提供全局的数据挖掘分析结果，为领导决策提供更客观的评判依据，也可以向各业务部门提供关联性分析，为解决某一部门的问题提供更全面、可靠的数据支撑。通过向上、向下两个层面的服务，运营管理部门能更全面地管好数据、用好数据，从而转变服务能力及方式。

(3)提升大数据价值挖掘能力

通过应用数据管理体系，建立规范的大数据价值挖掘框架，梳理出完整的数据挖掘流程，运用丰富的数据分析挖掘算法，如分类算法、聚类算法、关联分析算法等，构建企业大数据应用典型场景，如配网故障抢修精细化管理、量价废损、物资库存物料动态特征分析等，进一步提升电网企业大数据价值挖掘能力，为大数据应用和服务企业运营管理奠定基础。

7.3.1.2　数据管理体系架构

结合电网企业生产经营数据的特点，依托运营管理部门职能，运用数据仓库、大数据平台等先进技术，探索拓展大数据管理应用方式，全面构建"点—线—面"电力大数据管理体系，推进企业数据资产应用与创新，深入挖掘数据资产价值，为电网企业经营决策提供坚强的数据支撑，有效推动公司发展方式转变。

"点—线—面"大数据管理体系主要是：找准"一个点"——明确运营管理部门为公司唯一的运营数据资产职能管理部门，是运营数据资产管理的汇聚点；贯通"一条线"——建成运营数据管理机制，贯通数据生产、存储、流动、使用、备份、报废全周期管理生命线；覆盖"一个面"——明晰大数据管理的五项职能，细化五项内容，构建数据贯通、业务协同的纵横面。

(1)找准"一个点"

运营管理部门是公司运营数据资产的唯一管理部门，要打破原有数据多头管理、条块分割的不利局面，牵头制定运营数据管理制度和规范，统筹开展数据共享、数据分析挖掘等相关工作，实现公司运营数据资产价值最大化；组织建立运营数据质量管理和评价机制，开展运营数据质量核查，定期进行数据质量通报、评价、考核，持续提升运营数据资产管理工作水平。

(2)贯通"一条线"

企业数据是有生命周期的，从最初的创建、修改，到复制、分发、保护、恢复、归档，再到最终删除。在数据生命周期的所有阶段，必须完全按照业务需要进行生产、存储、保护恢复，并提供数据访问和应用。根据大数据的生命周期特点，需要对数据资产在整个管理时间轴上实现全过程管控。通过对大数据全过程的可视化监控管理，当数据发生任何变化时，可确保第一时间掌握数据影响的环节，并有针对性地制定应对措施，以实现运营监测与数据资产管理的无缝联动。

●数据溯源分析。基于数据管理三角形理论，按照不同的维度对指标进行分类，针对同一类别指标进行关联分析，明确指标与指标的关联关系、指标与数据的关联关系、指标与系统的关联关系、指标与业务的关联关系。对指标关联的三个核心要素(业务、系统、数据)进行全方位分析,对企业的运营数据资产分布和数据流转进行全视图梳理。

●数据全过程监控。基于数据流转链路,对数据资产全链条各环节设置监控规则和监控指标,便于将数据质量问题定位至具体环节。一方面,对大数据接入的各个流转环节建立核查模板,对数据在各个环节的状态进行有效核查,保障数据按要求实现有序接入;另一方面,建立闭环的大数据问题跟踪管理流程,对于无法立即解决、须由相关方协同解决的问题,由专人负责提交、沟通、跟踪和关闭,从而确保接入数据的质量及效率。

●数据评估与改进。面向业务管理活动,建立大数据运行的绩效评估指标体系,从数据应用、系统运维、工作管理等多个层面设计监控和评估指标,量化考核,促使大数据运行中的问题得到及时解决,从而保证大数据运行工作有依据、有办法、有结论。

(3)覆盖“一个面”

通过对运营数据的梳理,确定运营数据管理的五项职能,针对每一项职能细化五项管理内容,构建数据管理的纵横面。

●五项职能。大数据管理的五项职能分别是开发管理、应用管理、质量管理、安全管理和价值挖掘。

①大数据开发管理。对大数据开发的分析、设计、实施、部署及维护过程的各阶段进行管理,统一编码规则,规范数据开发过程管理。

②大数据应用管理。细化数据分类,针对结构化和非结构化数据,制订不同的应用管理方案,为企业的战略层、管理层及操作层提供支撑,实现数据资源利用价值最大化。

③大数据质量管理。建立数据质量评价体系,对数据质量问题进行跟踪、检查、分析、评价、督促整改,并定期进行数据质量通报评价等工作,促进数据质量的提升。

④大数据安全管理。通过计划、制定、执行数据安全策略和措施,确保在使用大数据和信息资产的过程中,提供适当的认证、授权、访问和审计服务。

⑤大数据价值挖掘。制订数据价值应用方案和行动计划,统一收集整理大数据应用需求,构建企业数据价值应用体系,开展数据关联分析、规律总结、效率/效益分析、趋势研判及风险控制策略等价值挖掘。

●五项内容。每项大数据管理职能均包括五项管理内容,分别是目标和定义、职责分工、管理活动、技术工具和交付成果。“目标和定义”主要是对当前大数据管理职能进行定义，并阐述要达到的目标；“职责分工”描述了当前的大数据管理人员及职责；“管理活动”描述了当前大数据管理所进行的管理活动；“技术工具”描述了当前大数据管理所使用的技术工具；“交付成果”描述了当前大数据管理的交付成果。

7.3.1.3　数据管理思路及原则

(1)制定数据管理规章制度

●明晰数据管理职责分工。按照谁生产、谁负责的要求，建立数据认责机制，进一步明确数据资产管理职责。运营管理部门作为数据资产的管理者，负责统筹管理各业务系统中的运营数据资产；业务部门是运营数据的生产者，负责规范生产合格的运营数据。

●规范运营数据资产管理。坚持集约统一、分工协作、来源唯一、自动接入、准确及时、持续更新、强化应用、提升价值的原则，分析电网企业运营数据特点，结合固定资产的管理制度，制定相应的管理办法；定义运营数据、数据资产等概念，明确运营数据资产的形成管理、运维管理、价值应用管理、稽查管理及安全管理等内容，规范运营数据资产管理工作，实现企业运营数据的可控、可用和增值。

●加强运营数据协同管理。细化制定与数据相关的工作实施细则，建立数据管理、保密管理等内部管理制度，建成较为完善的制度体系，保障数据协同工作的规范有序开展。明确企业各级部门、单位的职责分工，建立横向上以支撑单位、各业务部门为主体，纵向上以各级单位运营管理部门为主体的一体化数据协同工作机制，确保职责明晰、流程顺畅、闭环管控。建立数据问题汇集和成果共享机制，拓展问题发现渠道，促进成果共享。

(2)构建“五位一体”数据管理机制

深入思考、大胆创新，从工作组织、工作流程、工作标准、信息支撑和知识共享五个方面，积极探索、研究运营数据质量的管理措施和工作方法，建立指标数据认责机制，统一数据接入工作流程，加强各环节执行管控，确定数据质量验证工作基准，构建数据成果知识库，形成“五位一体”的运营数据质量管理机制。

●构建五重保障体系。建立由运营管理部门、业务部门、信息部门、系统建设厂商、系统运维团队分工合作的五重保障体系，确保运营数据接入工作有序高效开展。运营管理部门整体牵头运营数据接入工作，系统建设厂商协助解读指标数据需求表，各业务部门签字认领各自指标；各业务部门负责本专业相关数据的推送，并安排专人整改问题，确保数据及时、完整、准确；信息部门负责业务系统升级改造，组织完成新增数据的接入工作，并保证测试环境的实用性；系统建设厂商负责部署实施系统，协助进行系统功能完善；系统运维团队负责接口程序部署及数据初步核对，从源头解决数据质量问题。

●实行数据接入“五步走”。运营数据管理是一项系统工程，需要统一数据接入工作流程。

第一步：明确数据需求，在数据需求表的基础上，通过数据现状调研、数据字典收集等工作，进一步明确指标的维度、频度等需求。

第二步：开展数据溯源，基于数据管理三角形理论，深入梳理运营指标体系，形成指标溯源卡片，展示数据分布与流转的全过程。

第三步：实施数据接入，完成数据接口设计、开发及联调测试，并通过接口接入数据。

第四步：开展数据稽核，通过数据质量在线监测工具，监控数据全寿命周期管理各环节。

第五步：组织问题整改，对数据不一致、数据重复等问题，通知相关责任人按要求整改，保证数据的质量和可用性。

●完善管理工作标准。以运营管理部门日常业务运行和数据接入为切入点，做好“三项梳理”常态化工作，持续完善工作标准，做到有的放矢、事半功倍。“三项梳理”分别是：梳理适用于公司的指标体系，梳理指标维度、频度、取数范围等内容，结合业务部门反馈的不适用信息，形成本地化指标数据需求表；梳理数据质量校验规则，安排专人对数据质量校验规则进行分析梳理；梳理评价考核指标，按月筛选出公司当期应接指标清单，提前与源端业务系统及业务部门沟通，做好数据接入的准备工作。

(3)实施数据资产“四化”管理

●建立数据资产台账，实施精益化分类管理。通过对运营管理部门侧和业务系统侧的指标数据的梳理，明晰运营管理部门指标数据与源端业务系统明细数据间对应的概念实体、物理实体、取数字段及属性、数据实体间的流转关系等信息，从业务信息、技术信息、管理信息三个层面，按照不同的维度，对指标数据和明细数据进行全面的评估、梳理和归并，并在评估和分析结果的基础上，形成一个多维度、多级别、多类型的运营数据资产分类体系框架。

指标数据台账包括但不限于指标数据的指标名称、指标定义、计算公式、指标单位、指标频度、数据精度、指标时期、统计口径、责任部门、历史范围、维度组合以及明细数据的数据表结构、字段定义、取数逻辑、取数频度等关键信息，具体可分为业务信息台账、技术信息台账和管理信息台账三部分。其中，业务信息台账主要包括指标编码、定义、业务规则、业务口径和业务维度等信息；技术信息台账主要包括指标所涉及的数据库、实体表和字段等技术信息；管理信息台账主要包括数据变更、流转和使用等情况。

●构建运营数据地图，实施可视化数据溯源。基于运营管理部门侧和业务系统侧的运营数据梳理工作成果，以运营指标数据为切入点，在明确指标的维度、频度、计算公式等基本信息的基础上，对指标的汇总和形成过程进行进一步的溯源和梳理，以拓扑图的形式对运营数据的实体、数据处理过程进行分层次的图形化展现，构建企业运营数据地图，支撑企业有效开展运营数据的业务溯源、数据溯源和系统溯源。

通过梳理运营侧系统内不同存储区之间的数据流转顺序、ETL 加工和存储过程处理逻辑等，还可以得到系统内部的表间对应关系、字段对应关系，便于对运营侧系统内任意一个存储对象进行全链分析，查看所在区域的数据来源以及影响到的区域或系统，快速实现对问题数据的定位和整改。

●制定数据资产标准，实施规范化资产运行。面向运营数据资产管理中每一项具体的活动，从数据管控和数据运维的专业视角提出管控需求，制定管理规范，包括时间、工具、方法模板，规定该项管理活动涉及的数据质量，并对各环节的数据质量标准进行审查，对于未达标准的数据提出管理措施和具体举措，确保各环节数据质量，有效支撑企业的运营监测和分析业务。

●构建质量监测平台，实施信息化问题管理。结合公司数据治理工作实际情况，组织开发运营数据质量在线监测工具，及时发现、分析、反映企业运营数据质量存在的问题，并督促相关部门整改。信息化手段极大地提高了对运营数据质量问题的排查、分析和处理效率，有效减轻了数据管理人员的工作量。

7.3.2　数据质量管理

7.3.2.1　理解数据质量管理

“数据质量”在不同的时期有不同的概念和标准。20 世纪 80 年代以前，国际上对“数据质量”的理解基本上是以提高数据准确性为出发点；随着“质量”含义的不断延伸，对“数据质量”的认识也在不断扩展，准确性不再是衡量数据质量的唯一标准。评价数据质量更多的是从用户的视角出发，更加注重时效性、准确性和可用性。从总体上看，现代数据质量的概念包括以下几个方面：①注重从用户角度来衡量数据质量，强调用户对数据的满意程度；②突出综合性概念，需要建立一套有效的数据质量管理体系，从多角度来评价数据的好坏；③包含适用性、准确性、适时性、完整性、一致性和可比性等基本要素。

数据质量主要体现在两个方面：①数据本身的质量，包括数据精确性、数据自洽性、数据完整性、逻辑一致性、数据真实性、数据时效性、数据可用性、数据可信性以及一些体现数据自身质量特征的属性；②数据的过程质量，主要包括数据的使用质量、数据的存储质量、数据的传输质量。因此，在分析和评估数据质量时，必须要坚持对数据的全生命周期进行管控，把握数据内在因素和数据表述，完善应用环境和数据存取流程。

综上所述，随着对数据资源的积累和广泛应用，“数据质量”逐步演变成了多维度的概念，被赋予了更多的属性。数据质量是有对象的，因此，数据不能脱离数据的使用者来独立定义。根据美国麻省理工学院的全面数据质量管理项目小组的研究结果可知，数据的质量有固有质量、关联性质量、表达性质量和可访问性质量四大类及准确性、完整性、一致性、安全性等 16 个维度。数据质量类别及所含属性如表 7-1 所示。

表 7-1　数据质量类别及所含属性

类别	描述	包含的属性
固有质量	固有的质量	可信度、准确性、客观性
关联性质量	与具体的任务和环境有关的质量	可增值性、关联性、适时性、完整性、合适的数据量
表达性质量	计算机系统存储与表达信息的质量	可解释性、易读性、一致性、简明性
可访问性质量	强调可安全地访问计算机系统和数据库	可访问性与访问的安全性

为保障运营数据质量要求，提升智能化运营能力，需制定数据质量管理和评估保障机制，以全面落实和保障数据质量。数据均来自各业务系统，源头的数据质量直接决定了运营数据质量。保障数据质量，是确保有效开展运营监测的重要前提。

7.3.2.2　数据质量评估框架

数据质量评估框架（DQAF）是用来评估数据质量的一个最基本的工具，是一个指导方针、一种手段。它可以用来定义使用者数据环境模型，在当前环境下分析数据质量的属性，提供分析、评估、提高数据质量的方法论。从数据质量理论框架方面看，比较具有代表性的数据质量评估框架是国际货币基金组织（IMF）的 DQAF、欧盟统计局（Eurostat）的统计质量管理框架（SQMF）以及经济合作与发展组织（OECD）的统计活动质量保证框架（SAAF）。

（1）DQAF

DQAF 从讨论保障数据质量的先决条件开始，依次提出数据质量的五个维度：①诚信保证。在收集、处理和公布统计数据的过程中，严格遵循客观性原则，确保专业性、透明度及合乎道德标准。②方法健全性。编制统计数据的方法应当合理，并遵守有关的国际标准、准则和惯例。③准确性和可靠性。原始数据能为数据编辑提供充分的基础，原始数据、中间数据和统计结果定期受到评估、修订。④适用性。以适当的频率及时地编制和公布数据，数据本身应前后一致并与相关资料相协调，定期进行修正。⑤可获得性。用户容易获得表达清晰的数据，了解数据的出处，必要时数据生产者可以提供快速和专业的支持。IMF 有多个专项评估框架，分别侧重于与数据质量相关的统计体系管理、核心统计流程和统计产品特征。具体来看，无论是综合框架还是专项框架，都首先在第一层级定义保证数据质量的先决条件和衡量数据质量的五个维度，然后分别将每个部分细化为第二层级的评估要素和第三层级的评估指标。不同的是，各专项评估框架在评估要素的基础上继续对评估标准进行深化，针对各个数据集提出特有的焦点问题以及描述质量特征的要点。DQAF 对数据质量的评估侧重于定性评估，借助相对语义量表，利用专家意见法等常用的定性评估工具来开展具体的质量评估。在实施过程中，通常先由评估机构将数据质量维度和评估指标的结论设定为几个等级（如完全符合、基本符合和不符合）；然后将某项统计数据与质量标准逐一比较，从而了解两者的相符程度并据此给出该数据质量的评价等级；最后，分别针对 DQAF 的先决条件和五个质量维度，对每一项数据的评估结论进行汇总和评述，得到该项统计数据的质量状况。

（2）SQMF

Eurostat 对数据质量的定义包括：①适当性。统计产品若符合使用者需求，则具有适当性。②准确性。准确性指实际数据的差异程度，差异越小，准确度越高。③时效性。时效性指统计结果发布及时，保证使用者能快速使用。④易得性。易得性指统计结果容易获取且格式符合使用者需求，并提供相应说明，便于使用者理解。⑤可比较性。可比较性指满足不同场合数据比较的需要，特别是跨国比较。⑥一致性。一致性指不同来源的统计资料、不同周期的研究应基于共同的定义、分类及方法。⑦完整性。完整性指使用的统计资料在范围上应反映使用者的多方面需求及优先事项。

SQMF 以欧盟统计手册提出的质量框架为准，分为制度质量框架、质量保证框架和全面质量管理三大模块。质量框架的基本准则决定了在产品和过程层所采取的具体措施，并通过定义和评估绩效或标杆指标，达到提高组织质量水平和统计产品可信度的目标。质量保证框架主要包含文件、过程标准和统计方法、质量评估、战略规划和控制、改进行动、用户对话等方面。Eurostat 的质量评估方法与工具被划分为三个层次：第一层为文件和测量层，从实际测量和质量文件中获取详细的信息以指导质量评估，使用关键过程变量、质量指标和质量报告等；第二层为评价层，以第一层的信息为基础，开展生产者的自评估和外部质量审查，通常借助特定设计的清单使质量评估以一种结构化的途径展开；第三层为合格层，通过标签或认证的形式进一步提炼质量评估信息并呈现给用户，标签由各种统计标准或满足事先质量要求的过程所构成，目标是使统计产品符合道德与科学准则，提升官方统计数据的公信力与可信度。

(3)SAAF

OECD 对数据质量从七个范畴作出定义：①相关性。反映统计数据满足用户需求的能力，随用户需求不同而变化。②准确性。反映统计信息能够正确描述测量对象特征的水平，通常以误差来反映。③及时性。反映统计信息能否在尽量短的间隔期内发布，与准确性之间存在着平衡取舍关系。④可得性。反映统计数据能否容易地为用户所获取、识别和利用。⑤可解释性。反映统计数据能为用户所理解，并使用户轻松判断出其满足自身需求的程度。⑥一致性。反映特定的统计数据能够通过某一时空标准加以分析的程度，以及与其他信息的关联程度。⑦可信性。反映用户对统计人员或机构生产的统计数据的信任程度。同时 OECD 将统计活动分解为七个阶段，针对每一阶段提出具体的质量要求及成本效率状况。OECD 的质量框架分为现有统计活动的质量保证程序和新兴统计活动的质量评估两大部分。现有统计活动的质量保证程序包括数据需求定义、可得数据评估、统计活动的规划与设计、数据和元数据内部收集、数据和元数据外部收集、数据和元数据验证分析及评估、数据和元数据发布等阶段。而针对新兴统计活动，除上述阶段外，之前的一项重要程序是识别对新数据的需求并提交给机构的领导小组讨论。OECD 对数据质量的评估主要是以调查问卷形式给出新兴统计活动和现有统计活动的质量清单，将统计活动过程分解为众多具体的步骤和项目，针对每一步骤通过回答“是”或“否”来检查该步骤是否实施，针对每一项目则采用同样的形式来检查其是否达到标准要求。

7.3.2.3 数据质量评估方法

只有明确了数据质量的水平，才能更好地进行数据管理和更高效地利用数据做决策。目前，已经成为体系的数据质量评估方法有：

(1)全面数据质量评估法(TQAM)

该方法是 20 世纪 90 年代美国麻省理工学院开展全面数据质量管理活动时提出的，其核心是将数据作为一种特殊的产品，借用管理产品质量的方法来管理数据，提出基于信息系统产生的数据产品质量管理体系。它强调应理解用户的信息需求，把数据作为具有生命周期的产品进行管理，设置数据产品管理责任制来管理数据生产过程和结果。

(2)数据质量评估(DQA)

该方法以主观评价和客观评价相结合的方式对数据质量开展评估工作，认为主观数据质量评价反映的是信息用户的需求，而客观数据评价是基于数据集本身的。通过调查对数据质量维度进行打分，打分需要建立函数，把主观和客观评价相结合。DQA 提出了三种函数方法：第一种是比率法，指期望输出占总输出的比例，误差率、完整性和一致性这类的质量维度比较适合这种表达方式；第二种是最大/最小值法，可用于衡量数据质量中需要对多种指标进行加总的维度，如数据的可信性、冗余性；第三种是加权平均法，对于复杂的多元维度数据质量评估，可采用对维度中各类指标进行加权平均的方法，与最大/最小值法相比，加权平均法需要充分考虑各类指标的影响，便于组织清晰地认识质量维度的重要性。

7.3.2.4 数据质量评估模型

(1)数据质量评估方法分类

目前，国际上较为通用的数据质量评估方法有逻辑关系检验法、计量模型分析法、核算数据重估法、统计分布检验法、调查误差评估法五个类别，在评估过程、适用性、有效性及使用性上各有特点。

●逻辑关系检验法。逻辑关系检验法是以各个统计数据之间存在的包含、恒等以及相关等内在逻辑关系为判断标准，实现对统计指标数据的可信度进行粗略检验的方法。如果在检验中某一组统计数据违背了它们之间所存在的特定逻辑关系，则表明该组统计指标数据存在可信度问题，有可能是其中的一个或一部分数据不可信，也有可能是整组数据均不可信，需要进一步分析与核查。按照检验所依据逻辑关系的不同，该方法可分为比较逻辑检验法和相关逻辑检验法。逻辑检验法作为一种传统的检验方法，操作简单且通俗易懂，在对数据的可信度进行初步检验方面得到了广泛的应用。但是，从检验的方法技术角度来看，逻辑检验法要么过于粗糙，要么根基不稳。

●计量模型分析法。计量模型分析法是指以建立计量经济模型为基础，对相关指标的数据质量进行评估的一类统计数据质量评估方法。该方法的基本思路与步骤是：①通过深入分析，依据相应的经济或统计理论建立计量经济模型；②选取样本数据对所构建的模型进行参数估计，并对估计结果进行初步检验，得到具体的模型；③对所得到的具体模型进行分析，再根据相应的理论或假设得出待评估的统计数据是否可信的结论。计量模型分析法的主要不足是要求作为评估基准的指标数据充分可信，实际应用难度较大。

●核算数据重估法。核算数据重估法是指以从统计核算的角度重新估计特定的统计指标数据为基础，以实现对相关统计指标的数据质量进行评估的一类统计数据质量评估方法。评估的基本思路是：①以待评估统计指标的统计核算规范或方法为依据，通过分析找出待评估统计指标在核算实践中存在的具体问题，并对其展开详细分析；②根据具体的分析结果，最大限度地挖掘现有资料，有针对性地采用一些替代数据或者运用规范的方法来重新估计待评估统计指标数据；③以重新估计得到的统计指标数据为参照标准，对官方公布的统计指标数据进行准确性评估。

●统计分布检验法。统计总体中的个体标志值在理论上会服从某一特定的统计分布。通过对个体标志值进行特定的统计分布检验，可初步判断出个体标志值是否正常、可信。该方法包括常规分布检验方法及分布检验缺陷弥补方法。研究表明，该方法的抗虚假性较强，不真实的统计要通过检验很困难，但也存在无法估计一致性偏差和对非一致性偏差的探测能力有限等不足。

●调查误差评估法。统计数据的可信度评估归根结底是对数据中所包含误差的评估，但从数据的生产过程来看，这种误差最先表现为统计调查误差。通常来说，调查误差可分为抽样误差与非抽样误差。对于抽样误差，统计学中已经有一套比较成熟的评估理论与方法；对于非抽样误差，由于其成因复杂，目前评估方法较为有限，其中比较具有代表性的两类是非抽样误差间接评估及非抽样误差事后抽查。总体来看，调查误差评估法从产生统计数据偏差的源头入手，对统计数据的可信度进行评估，由于其所采用的评估技术与思路更为科学和可靠，而所利用的评估基准信息资料也更为翔实与可靠，因此，相对于其他统计数据可信度的评估方法而言，该方法的评估结论具有更强的说服力。

(2)数据质量多维综合评估模型

通过对五种数据质量评估模型的分析可以看到，没有一种模型可以解决数据质量的所有问题。因此需要根据评估对象的不同特点,定制开发数据质量评估模型。由于数据质量本身在很多情况下具有主观性,要使之真正发挥作用就必须对其进行量化。评估运营监测数据质量也是如此,要对其建立相应的量化评估模型,才能给日后的监督稽查机制以数据基础。此外,由于运营监测数据质量具有多个分类、维度和层级,评估模型要把这些要素综合成为一个完整的体系,要从数据质量的整体状况上给出一个定性化的综合评估模型。

●数据模型特点。通过以上对运营监测数据特点的研究可知,可以评价数据质量的模型应具有以下几个特点:

①多维度评估。运营监测数据具有来源广、涉及面宽、辐射范围大、复杂程度高等特点,单一维度(如完整性或者准确性)肯定无法全面评估数据的质量。应从各维度中,找出适合描述运营监测数据质量并且易于建立可靠分析模型的维度(如准确性、及时性、一致性、安全性及完整性)进行分析。

②分层级评估。考虑到运营监测数据呈树状结构的特性,在多个维度上仅进行一个层级的分解是不能满足这种复杂数据结构的要求的。因此,要求模型可以在每个维度上继续分解下去,形成至少两个层级的评估。例如,在完整性这个维度上,可以再分解出数据缺失程度(数据传输转移过程中是否出现了遗失,遗失的程度如何)及数据覆盖程度(ERP 基础数据是否覆盖整个生产运营过程的各个方面)。

③定性化/定量化分析。从数据质量的全局角度做出定性化的分析,使运营监测管理人员能直观地认识到当前数据质量的优劣。在模型内部依靠定量化的分析使得模型本身不会过于主观,且通过数据的不断完善,定量计算的模型可以以自学习的形式不断完善。

●理论基础。随着信息化项目复杂度的加大,统计数据质量的内涵经历了由一维向多维发展的过程,统计数据质量的评估方法也由一维的准确性评估向多维评估延伸。数据质量评估的主要方法包括多维多级测量法、模糊综合评价法及专家评估法等。

①多维多级测量法。多维多级测量法为多维评估模型中最为通用的一种,其基本评估步骤为:首先,参照数据质量评估框架,将统计数据质量分为质量的前提条件、保证诚信、方法健全性、准确性与可靠性、适用性以及可获得性六个方面,并进一步将每个方面细化为若干个质量要素,作为基本评估元素;然后,针对每个评估元素,分析评估数据或数据集的实际做法,并将实际做法同数据质量评估框架中的要求相比,得出它们各自的等级评估结果(即遵守、在很大程度上遵守、在很大程度上不遵守、不遵守四个等级中的一

个);最后,将各个评估元素上的等级评估结果罗列在一起,以表格的形式展示。多维多级测量法从统计基础条件、核心统计过程以及统计产品等方面对统计数据质量进行了全方位的评估,其优点是评估全面而系统,能有效地满足各种不同类型的数据用户对质量评估的要求。

②模糊综合评价法。多维多级测量法没能给出一些综合的评估结果,尤其对于运营数据这类由多种指标数据和基础数据组成的数据集群来讲,缺乏整体的把握,难以选择进行质量整改的时间节点和管理节点。模糊综合评价法就是基于这个考虑而发展出来的,其基本评估步骤是:第一步,在分析数据质量内涵的基础上,建立数据质量评价的指标体系;第二步,分析指标体系中各项指标的相对重要性,并按各指标的重要程度对它们进行赋权;第三步,建立质量评价等级,对各个指标进行模糊等级评判并进行模糊运算,得出数据质量属于某个等级的概率,可以建立很好、较好、一般、较差和很差五个等级,对数据质量进行模拟模糊评估。该方法的缺点主要表现为进行指标模糊等级评判以及指标赋权均存在较大的主观性。

③专家评估法。专家评估法也称"专家调查法",它以专家为评判信息质量的主体,组织各领域的专家运用专业方面的知识和经验,通过直观归纳,对预测对象过去和现在的状况、发展变化过程进行综合分析与研究,找出预测对象的变化、发展规律,从而对数据对象质量的实际状况作出判断。专家评估法的优点是能紧密结合特定数据项目的具体情况进行评标,具有较强的针对性。该方法的缺陷主要是依靠专家的知识和经验进行判断,主观性有余,客观性不足;定性方法与定量方法结合不够。

●评估模型。综合以上理论基础的优势,针对运营数据的特点和要求,建立一个数据质量多维综合评估模型,可以在多维度、多层级上结合专家理论定量化和定性化对数据进行全面分析和评估。

7.3.3 统一分析服务

统一分析服务为各类分析应用提供统一的数据访问、挖掘、探索服务,在业务应用方面形成满足决策层、管理层和操作层的三层决策分析(见图 7-5)。

7.3.3.1 统一分析平台的服务

(1)数据接口服务

数据接口服务组件包括标准化接口服务和数据跨库查询服务,用于解决数据对外缺乏统一标准化接口服务的问题,便于业务应用系统与统一分析服务间的标准化集成。

●数据存取服务涵盖分布式文件、列式数据库、分布式缓存和关系型数据库等，满足业务系统对多样化数据类型的存取需求。

●数据计算服务包括批量计算、内存计算、流计算和查询计算任务的发布、启停、监控等操作。

●数据分析服务包括数据挖掘、多维分析、模型运行等分析服务需求的标准化调用。

●跨库查询服务支持通过SQL(结构化查询语言)或简单的拖拽操作，实现多个查询、多张表或视图连接或合并，为存储于不同组件中的数据提供关联查询服务。

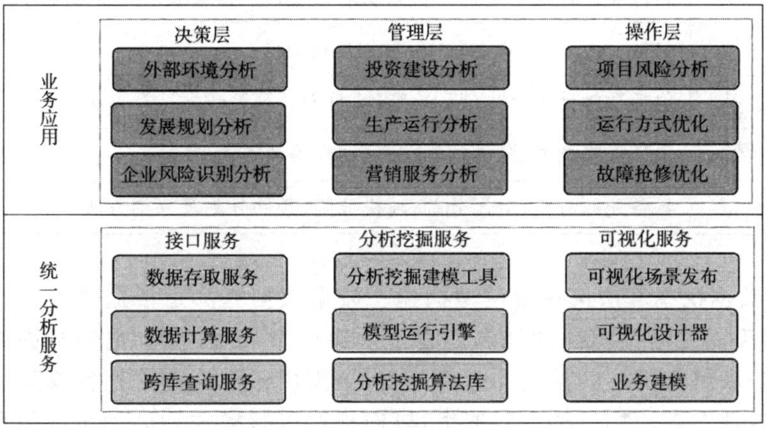

图7-5　统一分析服务的架构

(2)分析挖掘服务

数据分析挖掘服务主要支撑对历史数据的统计分析和高级挖掘，实现数据实时监测、实时分析、实时判别以及规律发现，并通过数据规律进行未来的预测和模拟。分析挖掘组件应具备数据访问、数据预处理、数据挖掘算法选择及模型构建、模型评估、模型部署应用等服务功能。

●数据访问服务。支持常用关系数据库的Java数据库连接(JDBC)访问，包括MySQL、PostgreSQL、Oracle、SybaseIQ等；支持数据库驱动添加功能访问，支持文本、视频、图片等非结构化数据的解析和访问。应提供数据库驱动的统一管理功能，应支持MySQL、PostgreSQL、Oracle、SybaseIQ等数据库的驱动信息配置。数据库驱动信息包括名称、统一资源定位符(URL)前缀、端口、Schema分隔符、Jar文件位置、驱动Class类。应提供数据库访问链接配置管理功能，应支持链接测试操作。数据库访问链接信息包括名称、数据库类型、主机IP、端口、数据库Schema、用户名、密码以及根据定义生成的 URL 链接。

●数据预处理。包括数据清洗、数据转换、数据集成、数据计算、数据抽样、数据分割等数据预处理手段，可提高数据挖掘模式的质量，减少实际挖掘所需要的时间，如表 7-2 所示。

表 7-2　数据预处理主要功能组件

功能	说明
数据清洗	针对不合规数据进行过滤，具备数据类型检查、缺值处理、空值域约束、记录去重、异常值智能识别、空值智能填补等功能
数据转换	具备类型转换、数值区间化、规范化、归一化、离散化等数据转换功能
数据集成	包括 join、append、union 等数据集成方法
数据计算	包括数学计算、织。叩 by 统计、日期计算等数据计算方法
数据抽样	包括随机抽样、条件抽样、分层抽样等抽样类型
数据分割	具备线性分割、分层分割、随机分割、条件分割等分割方法

●数据挖掘算法选择及模型构建。数据挖掘算法是根据数据创建数据挖掘模型的一组试探法和计算。为了创建模型，算法将首先分析提供的数据，并查找特定类型的模式和趋势，分析结果用于定义创建挖掘模型的最佳参数，这些参数应用于整个数据集，以便提取可行模式和详细统计信息。算法根据其挖掘结果模式的不同可分为分类、聚类、回归、关联规则以及时间序列等类型。

●模型评估。从算法模型构建过程中会得出一系列的分析结果、模式或模型。同一个采样数据可以利用多种数据分析方法和模型进行分析，模型评估的目的是从这些模型中找出一个最好的模型。常用的评估方法包括准确率、分类错误率、kappa、平方根误差、绝对误差、相对误差、混淆矩阵等。

●模型部署应用。模型部署应用包括模型基本信息管理、模型发布、模型在线运行等。分析模型管理应支持对分析模型定义的统一管理，应提供对分析模型的部署和调度，查看模型运行情况；分析模型发布运行应支持对分析模型的发布，并通过 Web service 平台对外提供服务。

(3)可视化服务

可视化服务提供直观、易用的拖放式界面，通过选择与业务主题相关的数据源，运用相应的图、表、文字等展现类型，智能调整页面布局、展示样式等信息，进行数据的动态、实时、交互展现。可视化组件的功能如表 7-3 所示。

表 7-3 **可视化组件功能说明**

功能	说明
页面布局设置	支撑标准布局(九宫格、田字形、工字形等)和自定义布局
选择和拖放	通过控件列表选择控件并拖放至页面布局中
样式设置	配置报表整体的样式,包括宽度、高度、背景颜色等属性
导入与导出	将已有的文件导入到可视化设计器中; 页面配置信息导出(XML 文件或压缩文件)
对齐与自适应	允许左对齐、右对齐、居中、底部对齐、顶部对齐等,同时界面自适应不同分辨率的设备
图表切换	实现同源的数据有不同的展现形式并可以自由切换
过滤器	对多个图表控件配置统一的过滤器,过滤条件可以组合控制图表的展现
联动	配置两个或多个图表之间的联动,可以设置联动参数
钻取	配置多个页面的钻取,可以设置钻取地址等信息
数据导出	将图表控件的数据用 Excel 的方式导出
数据查看	以表格的方式查看图表控件的数据
数据排序	控件的数据集字段按照一定的次序进行排序,支持的排序有升序、降序、直接拖动、按字母列表、手动设置等方式
控件属性设置	设置控件的属性(高度、宽度、字体大小、颜色、预警和告警颜色等),并能够实时预览修改结果
页面集成	可以通过设置链接地址等信息将外部应用的页面集成至报表中
计算字段	根据已有数据字段通过计算(加、减、乘、除)生成新的字段,供控件展现使用
自定义函数操作	根据业务需要定义自定义函数或通过已有字段列表构建页面所需的函数,如求和函数、统计函数、日期函数、逻辑函数等

续表

功能	说明
参数配置	可以配置报表的参数，如当前时间等公共参数
页面预览	对配置完成的页面进行预览
超链接	配置外部 URL 和页面查看方式（打开新窗口、在当前页面打开）
维度设置	从维度管理中选择维度，可以构建维度的层次，设置维度之间的关联关系，支持多层次的钻取分析
基础功能	对报表页面控件可以进行复制、剪切、粘贴等操作

（4）数据源管理与数据建模服务

数据源管理实现了对各类数据源的维护，分为数据源分类维护和数据源维护。其中，数据源分类维护以树形方式对数据源分类信息进行维护，维护的信息包含分类名称、类别、排序等；数据源维护对相关数据源（Oracle、MySQL 等关系型数据库，Hive、HBase 等非关系型数据库等）提供新增、删除、修改、测试链接功能。

数据建模可实现原始业务数据到自助式分析数据的转换，实现对仓库数据按主题管理及多维数据的建模，最终为数据分析、数据统计及数据挖掘提供数据支撑。

7.3.3.2　业务应用分析

业务应用分析包括满足电网企业决策层、管理层和操作层的三层辅助决策分析应用。决策层分析与决策包括电网企业经营层指标分析、战略指标监控等，重点是数据中心的应用。管理层分析与决策包括基于各应用系统的分析、部分跨业务的分析。操作层分析与决策包括基于实时数据的状态信息分析、智能监控、预警等应用，为业务操作和控制人员提供决策支持，支撑智能电网的建设和运行。

（1）决策层分析

电网企业经营决策层分析主要包括宏观经济、行业趋势等外部环境分析，企业发展、电网规划等内部决策分析以及公司风险分析等方面，通过对内外部信息的挖掘和分析，掌握企业所处内外部环境，为实现企业战略发展提供决策支撑；通过建立风险分析体系，提升企业对重大事件的应对和适应能力，为企业战略经营和电网安全运行提供管控支持。

●信息展示。以仪表盘等方式为高层领导展现关键的业务信息，整体展示全企业及各部门的生产、管理、经营情况，如指标监控、异常指标告警、关键业绩指标分析、地图展示分析、对标分析、趋势分析、排名分析等，使高层领导可以全面、及时地掌握企业运营情况。

●外部因素决策分析。研究并建立外部环境分析模型，针对宏观因素、能源状况、行业趋势等关键影响因素，建立外部因素与企业经营决策、电网发展规划及公司风险分析的互动机制，实现对企业发展的综合分析。

●企业发展决策分析。针对企业用电中长期预测，研究并建立企业售电量分析模型，建立售电量发展趋势与企业营业规模、资产规模、成本利润的互动机制；针对新能源中长期规划，研究并制定新能源增长分析模型，建立新能源发展趋势与企业资产规模、成本利润、电力交易电量的互动机制，实现对企业中长期发展方向及宏观经济水平的预测和分析；同时辅助企业设定发展关键目标，为决策提供支持。

●电网发展规划决策分析。研究并建立电网拓扑及电网发展分析模型，建立电网发展规划与电力交易电量、资产分布、电网运行的互动机制，实现电网拓扑及电网规划发展路径的仿真模拟，辅助企业设定电网投资、电网工程建设目标，为电网规划提供决策支持。

●企业风险决策分析。研究并建立企业运营风险分析模型，包括企业经营风险、电网资产风险、外部风险等内容，建立风险分析与企业经营、电网运行全业务的互动机制，实现企业风险的多角度预测，有效管理和规避风险。

(2)管理层分析

企业经营管理层分析主要包括企业全面绩效分析、经营基础要素分析、电网投资建设分析、电网生产运行分析、电力营销交易分析及企业综合管理分析等方面，通过对各类业务数据的挖掘和分析，实现电网企业经营业务的智能决策，提升业务管理决策的科学性程度和精益化水平。

●企业全面绩效分析。以企业经营绩效和运行绩效为核心，研究并建立公司绩效分析模型，建立人、财、物管理绩效指标和贯穿电网规划、设计、建设、生产、运行、营销各环节的管理绩效指标。

●经营基础要素分析。研究并建立人力资源规划、人才评价考核、人工成本分析等模型，实现人力资源多维度智能分析，为企业战略发展下的人才队伍建设和人才培养提供支持；研究并建立财务经营、电费、资产、资金、产权等分析模型，通过财务盈利、资产评估等分析应用，为公司财务精细化管理水平提高、财务绩效提升提供支持；研究并建立供应商分析、品控分析、库存分析、物资需求预测等分析模型，为物资供应链管理和物资集约化管理提供支持。

●电网投资建设分析。针对电网规划投资分析，研究并建立电网规划投资分析模型，实现基于资产评估、电网运行、用户需求响应、新能源接入等因素的电网规划辅助决策，有效衔接电网各级规划，为电网稳定发展和智能电网新能源接入提供支撑；建立电网投资分析模型，根据给定的投资目标（经济目标和电网性能指标），通过多目标分析模型分析生成不同的投资方案，并进行财务分析报告和电网性能指标对比分析，实现电网规划中的投资控制；针对电网建设分析，研究并建立基建规模、工程成本、承包商评价等方面的分析模型，实现对基建项目安排、供应商综合评估、基建项目工期成本的综合分析，有效指导基建工程的标准化建设和管理。

●电网生产运行分析。研究并建立运行计划分析、停电分析、生产计划优化分析模型，按照停电时间、停电次数、停电范围、停电用户数对计划的编排进行分析，按照设备利用系数和供电可靠率进行迭代计算，实现对电网运行和生产检修计划的综合安排，提高电网运行的安全、可靠性和生产效率；研究并建立环境分析、设备资产运行监控、设备综合评价等分析模型，提升电网运行的监控及预警能力，为电网生产管理提供支持。

●电力营销交易分析。研究并建立电力交易、营销的实时分析模型，提升市场分析与预测水平；通过对用电趋势的预测、评估，实现对突发事件的预警和应对；研究并建立客户关系管理、营销工作质量管理、营销市场分析、需求侧管理等分析模型，为实现多层次、多方位的客户服务提供决策支持，优化营销服务资源配置，拓展营销服务手段，不断提升公司服务质量和社会满意度。

●企业综合管理分析。研究并建立合同分析、执行力分析等模型，实现合同过程风险评估；通过合同评估实现与供应商、建造商等承接方评价分析的动态联动；通过执行力分析提升公司绩效考核执行水平；研究并建立在线审计辅助分析、审计成果分析、监察成果分析模型，提升公司管理水平，规避经营风险。

(3)操作层分析

通过对电网运行、操作层面数据的实时分析，为生产运行、营销服务的一线运作提供决策支持，实现工作方式从离线预案与经验判断到智能决策与人工监控的跨越；结合实时监测和智能分析，提高电网的自愈能力，提升电网企业的安全生产水平和营销服务能力。

●项目风险分析。研究并建立电网基建工期成本分析和重大项目实时分析评估模型。通过项目工期成本分析，实现对超额超期项目的提前识别和预警，提升项目管理水平；通过对重大项目的实时分析评估，实现对突发事件的预警判断和应对，提升项目风险管理水平。

●运行方式优化分析。研究并建立电网调度运行方式优化模型，通过对负荷预测、拉限电序位、电网动态实时数据、外部环境数据的综合分析，为运行方式编排提供智能决策支持。随着智能电网的进一步发展，通过对风功率、光伏功率的分析预测，实现新能源稳定并网运行以及在电网安全条件下稳定、经济、低能耗的电网调度。

●配电故障与抢修优化。研究并建立电网故障与抢修优化模型，建立故障诊断、故障抢修、客户服务间的相互联动；通过故障检测定位及电网拓扑分析，确定故障等级、停电范围和影响客户群；通过拓扑分析、网络重构等手段，为制订故障抢修、故障设备隔离等供电恢复方案提供决策支撑，实时调配检修资源，实现对抢修作业的在线跟踪，提升服务水平。

7.3.3.3　业务应用方向

随着经济社会的高速发展和综合国力的不断增强，我国电力行业紧密结合欧美发达国家电网智能化发展的趋势，着力于技术创新，在电网企业智慧运营创新发展模式、技术体系建设等方面开展探索与研究，取得了较大的成果。

(1)能源互联网

●优化新能源资源配置。以电力供应总成本最低为目标，统筹考虑能源结构调整、细颗粒物等污染物减排和国家大气污染防治行动计划目标、温室气体排放控制、综合运输体系建设等要求，根据送端能源基地的电力送出能力、受端省份的电力市场空间，优先安排水电、核电、风电、太阳能发电等清洁能源的规划开发并实现高效消纳，统筹跨区跨省输电走廊和路径，对从西部、北部送端的各能源基地到东中部受端的各省市的电力流进行优化，形成全国电力流优化方案及全国电源装机扩展方案。

●互联网促进能源系统扁平化发展。一方面，探索能源消费新模式。开展绿色电力交易服务区域试点，推进绿色能源网络发展；进一步加强能源生产和消费协调匹配，推进电动汽车、港口岸电等电能替代技术的应用，推广电力需求侧管理，提高能源利用效率；基于分布式能源网络，发展用户端智能化用能、能源共享经济和能源自由交易，促进能源消费生态体系建设。另一方面，发展基于电网的通信设施和新型业务，推进电力光纤到户工程，完善能源互联网信息通信系统；统筹部署电网和通信网深度融合的网络基础设施，实现同缆传输、共建共享，避免重复建设；鼓励能源企业运用大数据技术开展精准调度、故障判断和预测性维护，提升安全稳定运行水平。

●探索综合能源新型服务模式。在特高压和智能电网技术发展的基础上，以电网结构为核心，实现不同能源间的物理连接；针对能源生产、利用的各个环节，实现对能源数据的采集、分析、共享和处理，实现不同能源的交叉互补运营，为客户提供多样性服务，形成综合能源新型商业模式。在多能互补的基础上进行产业链延伸，在售电的基础上附加节能服务和增值服务，可将节能服务或能效服务等整合成综合能源服务；以燃气能源为主导进行燃气深度加工，形成燃气发电以及燃气冷热供应，不断进行能源产业链技术创新，打造综合能源新型服务模式。

(2)柔性生产

●智能检修。基于物联网、射频技术及移动互联技术，通过对待检设备进行二维码扫描与匹配，实现定点检修作业与信息实时上传；通过智能可穿戴设备的感应功能，实现对检修人员高精度定位及近电告警；通过智能可穿戴设备的摄像及即时视频等功能，实现对检修作业的远程监护，为现场设备故障研判提供直接的远程专家支持；通过统筹监控平台、视频区域、对应设备及作业票的绑定，实现对现场巡检作业的安全监督，有效保障人身、电网和设备安全及巡检工作质量；基于公司大量设备运行数据，结合外部环境等信息，运用人工智能方法，挖掘潜在设备故障规律，实时监控设备的健康状态。

●智能设施。随着智能家电、智能交通、智能城市的快速发展，尤其是电动汽车的发展日益受到各方重视，用电需求日益呈现多样化、互动化、智能化特征。智能用电设施包括电动汽车及其充电设施、智能小区、电力光纤到户等。电动汽车充换电设施是为电动汽车提供电能补给的设施，是发展电动汽车的重要基础。智能小区/楼宇在对照明、空调、安防等设备和系统进行协调控制的基础上，采用光纤通信等技术，构造覆盖小区和楼宇的通信网络。通过建成用电信息采集系统、智能用电系统和分布式电源监控系统，对用户用电设备、分布式电源、储能设备等进行监测、分析、控制，提高能源的使用效率，为用户提供双向互动服务。

●智能控制。采用互联网、物联网、移动互联以及电力无线虚拟专网等技术，打造智能电表、智能家居等设备，结合智能终端数据信息和发电侧负荷特性制订最优用电方案。当发电侧电能充足时，智能家电及时开启以消耗多余电能，达到以电力生产决定消耗的目的，实现用电设备的智能化自动控制；利用视频监控、环境在线监控、电缆在线测温、避雷器在线监测、无线测温等信息采集器收集的电网运行基础信息，及时进行智能预警，有效防止事故扩大，减少经济损失，提高经济效益和社会效益。

●主动式需求侧响应。建立小区与生产厂家、电商、实体卖场、快递公司等社会企事业单位的合作渠道，获取电器信息、销售信息、用户地理信息等数据，构建基于电器销售数据的小区负荷预测模型，为配网改造提供基础数据支持。在用电高峰期，自动定位超负荷配变供电范围内的客户，提示客户调减主要电器功率，对于实时响应的客户进行相应的激励和补偿，实现小区客户需求侧响应。

(3)精准营销

智慧运营下的精准营销是以市场为导向，以大数据应用为驱动，以客户满意度为目标，围绕服务全业务流程，打造的一条前端触角敏锐、后端高度协同的服务链，它能推动服务渠道之间、前端后台之间、相关专业之间的无缝衔接，实现电网企业从被动粗放型向主动创新型营销服务模式的转型。

●电力精准营销服务。基于互联网信息技术的发展，利用数据接入、网络爬虫、与金融类征信机构直接合作或者与第三方数据服务商合作的方式，开展个人与企业征信信息、企业运营情况、行业发展状况等数据的采集工作，建立与市场和营销服务相关的企业运营数据资产关联库，依托大数据挖掘分析，建立电费缴费风险、客户信用评价、企业运营风险、渠道偏好、大客户流失预警等分析模型。采用打标签的方式形成客户画像，通过客户画像对客户的深层次行为特征进行描述，为客户提供差异化服务，提高电费资金的回收率和周转率，降低企业的经营风险。积极开展大数据分析挖掘，以“标签库”的形式构建立体化、多层次、多视角的客户全景画像，实现对电力客户特征的精细刻画。针对不同特征的客户，提供差异化的办电、电费催缴、咨询等业务，主动精准地推荐用电套餐、电费垫付信贷、智能家居节能计划、分布式电能接入等用电产品及服务。

●推进需求侧精益管理。以客户用电安全、经济等基本需求为根本，以客户满意度提升为重点，深入探索需求侧管理服务，为客户提供节能用电策略，帮助用户减少耗能费用，充分发掘客户用电潜力，为实现多层次、多方位的客户服务提供决策支持。

●建设基于电能替代潜力的需求分析模型。在大力发展互联网与清洁能源的背景下，基于居民采暖、生产制造、交通运输、高耗电产业等能源消费终端，跨行业进行数据资产共享管理，构建电能替代潜力需求分析模型，进行市场分析、终端需求分析、负荷特征分析、电能替代投资效益分析、区域产业结构分析等，实践“精分市场、精确替代、精准营销”的思想。另外，建立电能替代潜力客户分析模型，梳理电能替代典型案例，形成知识库，为电能替代精准营销提供决策依据。还可通过细化线上、线下渠道的触点管理，增强人—人、人—机互动体验，进行电能替代意向客户培育，不断拓宽电能替代领域以及释放用电潜力，构建高层次、宽范围的新型电力消费市场。

(4)优质服务

构建智能互动用电服务创新体系，推动电网企业从产品供应商到服务提供商的角色转变、从管理向运营的机制转变、从单一向多元的服务维度转变，实现市场营销能力、客户关系管理能力、渠道运营能力、资源协同能力、技术应用能力的综合提升，成功塑造“安全、便捷、智能”的电力服务品牌。

●智能用电平台建设。打造智能用电服务技术支持平台和智能用电互动服务平台，为企业与客户之间提供一个智能化、多样化的互动交流环境。电网企业智能化用电平台除了支持通过网上营业厅、客户服务中心、短信、邮件、自助缴费终端等基本途径为客户提供远程服务外，同时支持通过智能营业厅、虚拟营业厅、智能机器人、视频验证、智能电表、智能缴费终端等途径与客户面对面互动，在企业方面实现部分业务线上智能受理，在客户方面使用户可根据自身需要查询停复电、电价电费、用电效能、缴费结算、业扩报装进度、检修工单进度、抢修车辆位置等信息，快速响应市场变化和客户需求，从而给客户提供更有效的服务。

●智能用电服务。基于智能用电平台，整合各业务系统相关数据，运用大数据挖掘、移动应用、人工智能等技术手段，对用户用电趋势、负荷特性、客户投诉、缴费途径、违约用电、偷窃电、智能家居等方面开展综合用电智能分析，根据分析结果提供差异化服务；结合智能采集器，实现用电设备级的用能信息分析，为用户经济用电提供数据支撑；通过识别用户用能特点，对同类用户有针对性地制定销售策略，从而提升客户服务水平。

●打造专属客户服务平台。以庞大的电力客户资源为基础，以客户的衣、食、住、行、娱乐等基础生活需求为中心，以特色精品应用和积分支付为抓手，利用互联网思维将客户资源、商家资源、数据资源和服务资源进行有效整合，构建互联网积分服务生态系统(包含公交充值、医疗挂号、电影订票、特色餐饮、车票预订、景点旅游、天气预报、洗车加油、超市购物、酒店预订等)，引导和培养客户的线上缴费习惯，最大限度地发挥存量客户价值，打造客户专属生活信息综合服务平台。

(5)精细管理

●创新配网运行设备检修“智慧”模式。在运维一体化、检修专业化的“大检修”要求下，借助互联网与移动应用技术，建立生产管理现场运行检修“智慧”新模式，实现精益管理、精准投资。一方面，实现线路巡视、运行维护、设备倒闸操作、维护类检修等一体化管理，实时反馈信息，实现检修全过程电子化处理；另一方面，针对配电设备故障识别，结合生产管理系统

(PMS)、电网 GIS、调度自动化、营销、95598 配网抢修、用电采集等数据进行综合分析，构建故障设备信息库，为运维检修提供智能分析，增强电网运行可靠性。

●构建电网资产数字化管理精益投资分析体系。以电网资产为研究对象，结合物联网、大数据和移动互联技术实现电网资产全业务流程数字化管理；采用射频识别、触控、传感器、无线通信、图像识别、主控芯片等技术，对资产运行全寿命周期进行自动追踪管理，包括资产信息管理、资产监控、自动盘点、资产巡检、维修管理、位置追踪、异常报警、数据备份等，实现“人、地、时、物”同步管理。另外，基于电网资产管理的数据集成与共享，采用数据挖掘算法，进行资产采购分析、资产运行效率分析、资产成本收益分析、资产寿命分析、状态监测分析、调度规划分析等，为企业投资决策及资产合理调配提供准确科学的参考依据，提高投资边际效益和资产使用率。

●基于移动互联技术的管网设备及线路的精细化管理。采用云计算与移动互联技术，对公司电网及通信设备、基于电网 GIS 的线路(含地下管道)坐标、高程、拓扑关系等开展数字化采集和治理，并结合 PMS、营销档案信息，充分利用物联网技术，通过射频识别智能感知设备，实现管网设备及线路的精确溯源、异常振动监测、有害气体探测等，构建管网线路映射及设备在线监测分析场景；结合各标准指标数据的对比分析，为配网安全作业、管线精确定位和管线防外破提供技术支持，为电网线路规划升级及管网设备精准投资提供决策支持。

第8章 智慧运营数字化新技术

能源互联网发展战略对电网安全保障能力、资源配置能力、清洁能源消纳能力、技术装备和智能化水平监测等提出了新的要求。国家全面推进大数据战略、“互联网+”行动计划等重大战略，需要电网企业利用“大云物移”等新技术，不断提升运营管理的广度、深度、准度和有效度。

8.1 大数据

8.1.1 电力大数据

随着互联网技术的不断发展，数据将像能源、材料一样成为战略性资源。如何利用数据资源发掘知识、提升效益、促进创新，使其为国家治理、企业决策乃至个人生活服务，是大数据技术追求的目标。随着技术的不断成熟，大数据技术将成为企业发展的重要工具。

电力大数据是指通过传感器、智能设备、视频监控设备、音频通信设备、移动终端等渠道收集到的海量的结构化的、非结构化的，相互间存在关联关系的电力业务数据集合。电力大数据应用是以进一步支撑业务发展与创新为目标，利用大数据存储、整合、计算、应用四类核心技术，驱动业务应用和技术平台的升级与改造，扩展对业务数据采集的容纳能力，填补在非结构化数据分析与利用、海量数据挖掘等领域的空白，提升在信息资源价值挖掘方面的整体水平，促进业务管理向着更精细、更协同、更敏捷、更高效的方向发展。

8.1.1.1 电力大数据的特征①

电力大数据的特征可以概括为“3V＋3E”。其中“3V”分别是指体量(Volume)大、类型(Variety)多和速度(Velocity)快，“3E”分别是指数据即能量(Energy)、数据即交互(Exchange)、数据即共情(Empathy)。若仅从体量特征和技术范畴来讲，电力大数据是大数据在电力行业的聚焦和子集；但电

---

① 参见许海清、黄敏：《浅谈电力大数据对信息运行的影响》，《江苏电机工程》2015年第2期。

力大数据更重要的是其广义的范畴，有着其他行业数据所无法比拟的丰富的内涵。

(1)体量大

体量大是电力大数据的重要特征。随着电网企业信息化的快速建设和智能电力系统的全面建成，电力数据的增长速度将远远超出电网企业的预期。就发电侧而言，随着电力生产自动化控制程度的提高，发电设备对诸如压力、流量和温度等指标的监测精度、频度和准确度的要求变得更高，对海量数据的采集与处理也提出了更严格的要求。就用电侧而言，每当设备采集频度提升，就会带来数据体量的指数级变化。

(2)类型多

电力大数据涉及多种类型的数据，包括结构化数据、非结构化数据、实时数据、GIS 数据。随着电力行业中视频应用的不断增多，音、视频等非结构化数据在电力数据中的占比进一步加大。此外，电力大数据应用过程中还存在着对行业内外能源数据、天气数据等多类型数据的大量关联分析需求，而这些都直接导致了电力数据类型的增加，从而极大地增加了电力大数据的复杂度。

(3)速度快

它主要指对电力数据采集、处理、分析的速度。电力系统业务对处理时限的要求较高，以“1s”为目标的实时处理是电力大数据的重要特征，这也是电力大数据与传统的事后处理型商业智能、数据挖掘间的最大区别。

(4)数据即能量

电力大数据具有无磨损、无消耗、无污染、易传输的特性，并可在使用过程中不断精炼、增值，可以在保障电力用户利益的前提下，在电力系统各个环节的低耗能、可持续发展方面发挥独特而巨大的作用。它通过节约能量来提供能量，具有与生俱来的绿色性。电力大数据应用的过程就是电力数据能量释放的过程。从某种意义上讲，通过电力大数据分析达到节能的目的就是对能源基础设施的最大投资。

(5)数据即交互

电力大数据因其与国民经济社会广泛而紧密的联系而具有正外部性。其价值不只局限在电力工业内部，更体现在整个国民经济运行、社会进步以及各行各业创新发展等方面。其发挥更大价值的前提和关键是电力数据同行业外数据的交互融合以及在此基础上全方位的挖掘、分析和展现。这也能够有效地改善当前电力行业“重发轻供不管用”的行业短板，真正体现出“反馈经济”所带来的价值增长。

(6)数据即共情

电力大数据联系着千家万户、厂矿企业,推动中国电力工业由"以电力生产为中心"向"以客户为中心"转变,这其中的本质就是对电力用户的终极关怀。通过对电力用户需求的充分挖掘和满足,建立情感联系,为广大电力用户提供更加优质、安全、可靠的电力服务。

8.1.1.2 电力大数据技术架构

根据国际数据公司(International Data Corporation,IDC)的描述,大数据技术作为新一代技术和体系架构,将能够利用较低的成本,通过高速捕获,发现并对超大量、众多类型的数据进行分析,以获得信息的价值。[①] 在大数据层面主要涉及的关键技术如图 8-1 所示。

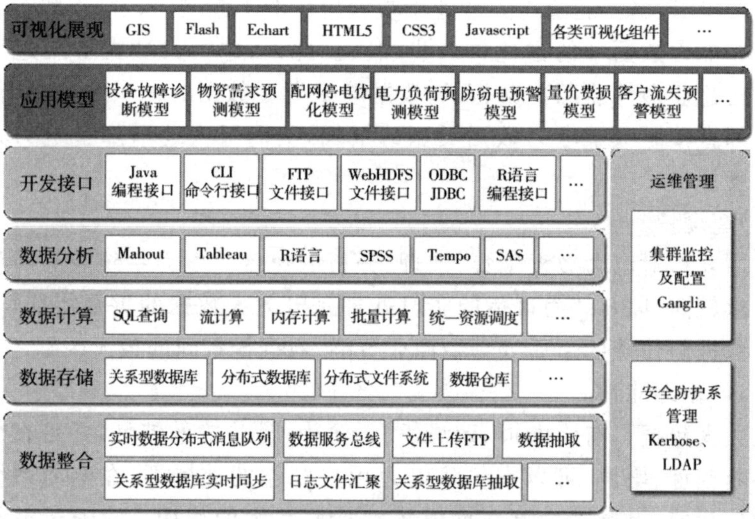

图 8-1 大数据技术架构

(1)数据整合

随着大数据时代的到来,一方面,企业的数据量已经从 MB、GB 级别迅速增长到了 TB 级别甚至 PB 级别,而且还在快速地增长;另一方面,企业 IT 系统对于数据保护的要求也从简单的备份转变为要求有企业数据管理和保护的综合性平台,做到实时性的保护、即时可用等。

① 参见彭小圣:《面向智能电网应用的电力大数据关键技术》,《中国电机工程学报》2015 年第 3 期。

(2)数据存储

大数据时代,数据不仅规模大,而且来源多种多样,有结构化的、半结构化的,还有非结构化的。如何区分这些大数据类型,并针对这些类型的特点更好地进行分门别类的存储成为必须解决的问题。一般结构化的数据存储于传统的关系型数据库中,半结构化的数据或者非结构化的数据则由非关系型数据库存储或者由分布式文件系统存储。

(3)数据计算

针对大数据的特点,可采取不同的计算方式。目前,业界比较认可的三种形式是实时计算、批量计算和流式计算。其中实时计算是指根据查询需求从海量数据中实时进行排重、排名、汇总等运算,其针对的是海量数据并且无法预算的情况;批量计算是指对静态数据的批量处理,即当开始计算之前数据已经准备到位,主要用于数据挖掘和验证业务模型;流式计算是指对具有时效性的数据进行的计算,需要依赖上游数据传输的正确性和实时性以及下游存储系统的高吞吐能力。

(4)应用层

针对高价值的大数据,需要在基础架构、数据管理、分析挖掘、决策支持层面进行全面分析。大数据的洞察过程是从基础架构适度扩展到数据管理工具选择,再到分析挖掘,最后呈现结果以供决策。大数据的存储、计算最终是要为大数据的洞察服务的,因此需要采取有效的洞察技术来挖掘并展示大数据提供的有效信息。

8.1.2　大数据关键技术

8.1.2.1　大数据整合技术

(1)消息队列技术——Kafka 消息队列

Kafka 是一个分布式的消息队列系统。Kafka 消息队列提供一个同时满足在线和离线处理海量数据的消息派发系统。它既满足现有的消息队列框架以及对消息传送可靠性的较高要求,也满足由此带来的较大负担所造成的海量高吞吐率的要求,又能够完全面向实时消息处理系统,为批量离线处理的场合提供足够的缓存。Kafka 消息队列的架构如图 8-2 所示。

(2)数据迁移技术——Sqoop

Sqoop 工具是在 Hadoop 环境下连接关系型数据库(MySQL、Oracle、PostgreSQL 等)和 Hadoop 存储系统的桥梁,支持多种关系数据源和 Hive、Hdfs、HBase 的相互导入。Sqoop 项目开始于 2009 年,最早是作为 Hadoop 的一个第三方模块而存在,后来为了让使用者能够快速部署,也为了让开发人员能够更快地迭代开发，Sqoop 成为了一个独立的 Apache 项目。

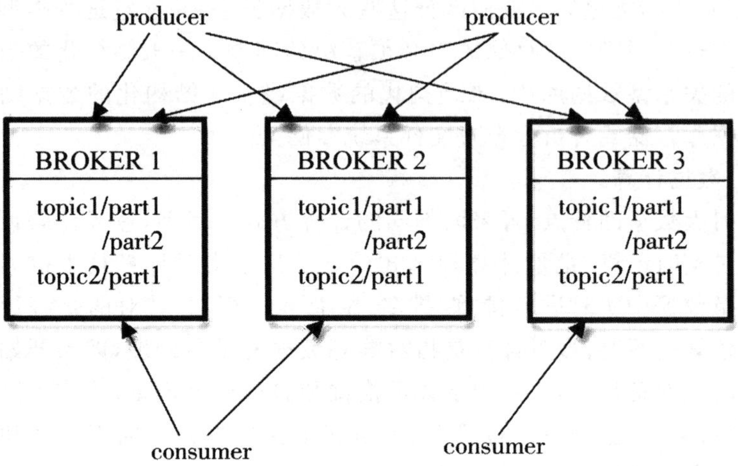

图 8-2 Kafka 消息队列的架构

8.1.2.2 大数据存储技术

(1)分布式文件系统——HDFS

HDFS 是一个主从结构系统，一个 HDFS 集群由一个名称节点和若干数据节点组成。名称节点是一个管理文件命名空间和调节客户端访问文件的主服务器，数据节点能管理对应节点的存储。HDFS 对外开放文件命名空间并允许用户数据以文件形式存储。

HDFS 的内部机制是将一个文件分割成一个或多个“块”，这些“块”被存储在一组数据节点中。名称节点用来操作文件命名空间的文件或目录，如打开、关闭、重命名等；同时确定“块”与数据节点的映射。数据节点负责来自文件系统客户的读写请求，同时还要执行“块”的创建、删除和来自名称节点的块复制指令。具体说明如图 8-3 所示。

(2)分布式列数据库——HBase

HBase 是一个可靠性高、性能强、可伸缩的分布式的面向列的数据库，利用 HBase 技术可在廉价的服务器上搭建起大规模结构化存储集群。HBase 利用 HDFS 作为其文件存储系统，利用 MapReduce 来处理海量数据。

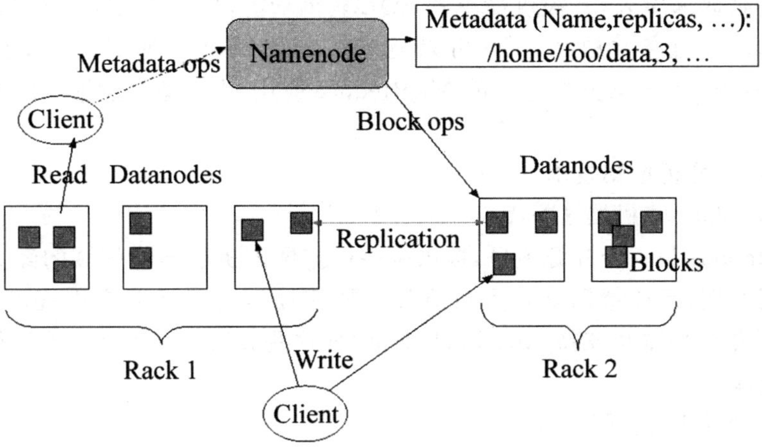

图 8-3　HDFS 系统说明

8.1.2.3　大数据计算技术

(1)并行计算技术——MapReduce

MapReduce 是一种编程模型,用于大规模数据集(大于 1 TB)的并行运算。它从函数式编程语言里借来"Map(映射)"和"Reduce(归约)"概念,还从矢量编程语言里借来特性,使编程人员可以在不会分布式并行编程的情况下,将程序运行在分布式系统上。

(2)内存计算技术——Spark

Spark 是开源的类 MapReduce 的通用并行计算框架,它基于 MapReduce 算法实现分布式计算,拥有 MapReduce 所具有的优点;但不同于 MapReduce 的是,SparkJob 的中间输出和结果可以保存在内存中,从而不再需要读写 HDFS,因此 Spark 能更好地适用于数据挖掘与机器学习等需要迭代的 MapReduce 算法。

(3)流计算技术——Storm

Storm 是一个分布式的、容错的实时计算系统。Storm 可以方便地在一个计算机集群中编写与扩展复杂的实时计算。Storm 保证每个消息都会得到处理,而且速度很快——在一个小集群中,每秒可以处理数以百万计的消息。Storm 集群由一个主节点和多个工作节点组成:主节点用于分配代码、布置任务及故障检测;每个工作节点都运行一个名为 Supervisor 的守护进程,用于监听工作、开始并终止工作进程。

(4)类 SQL 查询引擎技术——Hive

Hive 是基于 Hadoop 的数据仓库工具,它可以将结构化的数据文件映射为一张数据库表，并提供简单的 SQL 查询功能，可以将 SQL 语句转换为 MapReduce 任务并加以运行，可以通过类 SQL 语句快速实现简单的 MapReduce 统计，不必开发专门的 MapReduce 应用，十分适合数据仓库的统计分析。

8.1.2.4 分析挖掘技术

(1)Mahout 机器学习库

Mahout 是一个开源项目，提供一些可扩展的机器学习领域的经典算法的实现案例，旨在帮助开发人员更加方便快捷地创建智能应用程序。Mahout 的最新版本也支持 ApacheHadoop，使这些算法可以更高效地运行在分布式环境中。

(2)MLlib 机器学习库

MLlib 是 Spark 对一些常见的机器学习算法的实现库，支持的机器学习问题包括分类、回归、聚类、协同过滤、降维以及底层优化。它基于 Spark 的底层分布式机器学习库，可以不断地扩充算法。

(3)R 语言

R 语言是一种集统计分析和图形直观显示于一体的语言环境，提供了一系列统计和图形显示工具。其功能包括：①数据存储和处理系统，提供有效的数据处理和保证机制，与其他编程语言、数据库之间有很好的接口；②数组运算工具，拥有一整套数组和矩阵的操作运算符；③统计制图功能，可以对数据直接进行分析和显示，可用于多种图形设备；④简便而强大的编程语言，可操纵数据的输入和输出，用户可自定义功能。

8.1.3 电力大数据的应用

8.1.3.1 法国电力公司基于大数据的用电采集应用

目前，全法国已经安装了 3500 万只智能电能表。智能电能表主要采集的是个体家庭的用电负荷数据；以每只电能表每 10 分钟抄表一次计算，3500 万只智能电能表每年将产生 1.8 万亿次抄表记录和 600TB 压缩前数据，电能表产生的数据量将在 5～10 年内达到 PB 级。通过大数据挖掘，可从用户用电量、负荷、电价等海量信息中提取价值数据，为公司决策提供支撑。法国电力公司的研发部门成立了专门的项目组，借助大数据技术研究海量数据的处理架构，具体如图 8-4 所示。该项目的实施实现了电网调度等高级应用(电网状态监测及电网自动愈合)，在用电需求侧管理方面实现了实时电价管理，还实现了电网的可再生能源接入。

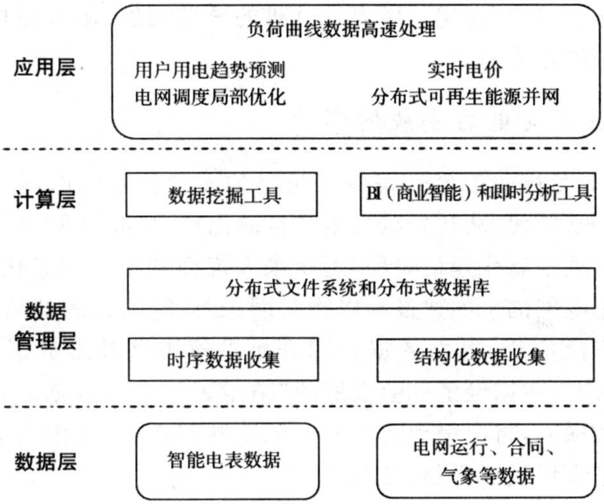

图 8-4　法国电力大数据处理架构

8.1.3.2　丹麦维斯塔斯风电公司基于大数据的数据实时处理平台

该公司拥有数万个风力发电机，分别安装在数十个国家内，其收集到的环境信息数据量惊人。近十年来，气象数据量就达到了 2.6 PB。因此，需通过大数据技术实现决策实时处理。该公司采用的数据处理平台结构如图8-5所示。

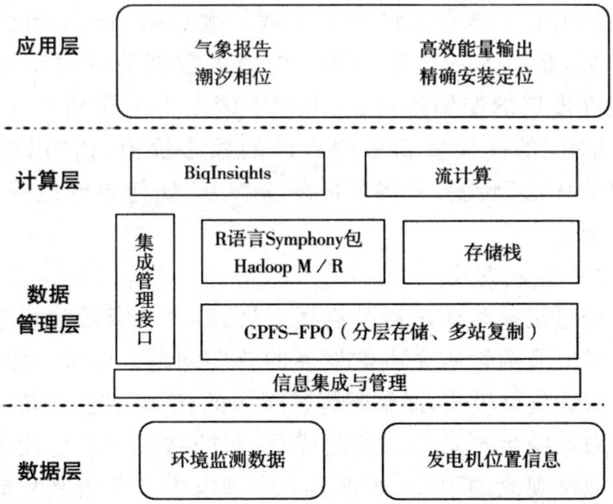

图 8-5　丹麦维斯塔斯风电公司大数据处理架构

通过实施该项目，优化了风力发电机的放置，最大限度地提高了发电量并延长了设备使用寿命。

8.1.4 大数据对电力发展的影响

近几年，电力行业信息化得到了长足的发展。我国电网企业信息化起源于20世纪60年代，从初始电力生产自动化到20世纪80年代以财务电算化为代表的管理信息化建设，再到近年来大规模的企业信息化建设，特别是伴随着智能化电网的全面建设和以物联网、云计算为代表的新一代IT在电力行业中的广泛应用，电力数据资源开始迅速丰富并形成了一定的规模。从长远来看，作为中国经济社会发展的“晴雨表”，电力数据因其与经济发展紧密而广泛的联系，将会呈现无与伦比的正外部性，对我国经济社会发展以及人类社会进步形成更为强大的推动力。

电力大数据应用是电力工业技术革新的必然过程，而不是简单的技术范畴。电力大数据不仅仅代表技术进步，更涉及整个电力系统在大数据时代下发展理念、管理体制和技术路线等方面的重大变革，是下一代智能化电力系统在大数据时代下价值形态的跃升。重塑电力核心价值和转变电力发展方式是电力大数据的两条核心主线。

(1)重塑电力核心价值

中国电力工业长期秉承“以计划为驱动、以电力生产为中心”的价值观念，重视企业价值和客户价值的实现，但在一定程度上忽视了社会效益，很难实现社会资源对电力工业的反馈促进作用，这是电网企业在社会主义市场经济条件下提升核心竞争力的最大挑战。大数据的核心价值之一就是个性化的商业未来，是对人的终极关怀。电力大数据通过对市场个性化需求和企业自身良性发展的挖掘和满足，重塑中国电力工业核心价值，驱动电网企业从“以人为本”的高度重新审视自己的核心价值，由“以电力生产为中心”向“以客户为中心”转变，并将其最终落脚在“如何更好地服务于全社会”这一根本任务上。

(2)转变电力发展方式

人类社会经过工业革命之后的迅猛发展，能源和资源的快速消耗以及全球气候变化已经上升为影响全人类发展的首要问题。传统的投资驱动、经验驱动的快速粗放型发展模式，面临着越来越多的社会问题，亟待转型。电力大数据通过对电力系统生产运行方式的优化、对间歇式可再生能源的消纳以及对全社会节能减排观念的引导，能够推动中国电力工业由高耗能、高排放、低效率的粗放发展方式向低耗能、低排放、高效率的绿色发展方式转变。

8.2　数据挖掘技术

8.2.1　知识发现与数据挖掘

知识发现(Knowledge Discovery in Database,KDD)一词是于 1989 年 8 月在美国底特律市召开的第一届 KDD 国际学术会议上被正式提出的,用来描述从数据集中识别出有效的、新颖的、潜在有用的以及最终可理解的模式的非平行过程。有效性是指发现的模式对于新的数据仍保持一定的可信度;新颖性要求发现的模式应该是新的;潜在有用性是指发现的知识将来有实际效用,如用于决策支持系统里可提高经济效益;最终可理解性要求发现的模式能被用户理解,目前它主要体现在简洁性上;非平行过程说明整个知识发现过程不是线性的、平凡的一般过程,而是反复的、多次的、迭代的复杂的过程。作为一个 KDD 的工程而言,KDD 通常包含一系列复杂的挖掘步骤,可归纳为五个最基本步骤。KDD 过程如图 8-6 所示。

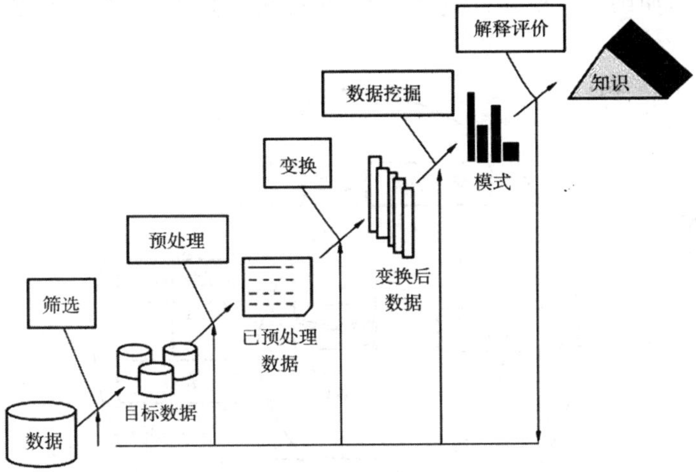

图 8-6　KDD 过程

(1)筛选。对数据源中的数据进行选取,决定需要哪些数据参与到本次知识发现当中来。

(2)预处理。对筛选后的数据进行预处理,消除数据中存在的错误值、缺失值、异常值等。

(3)变换。将预处理后的数据进行格式转换,以适应数据挖掘算法的使用。

(4)数据挖掘。使用数据挖掘算法对变换后的数据进行分析处理,构建应用模型。

(5)解释/评价。对数据挖掘后的模型进行解释和评估。

需要注意的是,这五个步骤并不是线性顺序关系,需根据实际项目情况变化,可能在任意步骤后反复到之前的步骤,是一个非平行的过程。可以看出,"数据挖掘"是知识发现过程中的一个关键的核心步骤。

8.2.2 数据挖掘方法论

1999 年, Special Interest Group(SIG)开发并提炼出了跨行业数据挖掘标准流程(CRoss-Industry Standard Process for Data Mining,CRISP-DM),并在汽车领域和保险领域进行了大规模数据挖掘项目的实际试用。SIG 还将 CRISP-DM 和商业数据挖掘工具集成起来,推广应用。

当前,CRISP-DM 提供了数据挖掘生命周期的全面评述,包括项目的周期、各自任务和这些任务之间的关系。一个数据挖掘项目的生命周期包含六个阶段,如图 8-7 所示。这六个阶段的顺序是不固定的,经常需要前后调整。

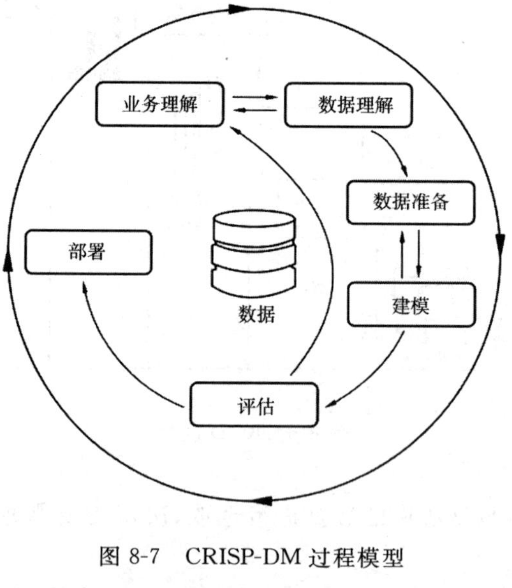

图 8-7 CRISP-DM 过程模型

图 8-7 中,外圈象征数据挖掘自身的循环本质——在一个解决方案发布之后,一个数据挖掘的过程才可以继续。在这个过程中得到的知识可以触发新的、经常是更聚焦的商业问题。后续的过程可以从前一个过程中得到

益处。

CRISP-DM 模型包括六个阶段:业务理解、数据理解、数据准备、建模、评估和部署。

(1)业务理解。本阶段主要理解项目目标和业务需求,并确定项目范围和项目计划。

(2)数据理解。本阶段任务主要包括数据收集、数据质量分析、数据之间关系的理解等工作。

(3)数据准备。本阶段任务主要包括处理收集到的数据、数据清洗及转换,为数据建模提供数据输入。

(4)建模。本阶段主要根据业务应用和数据特点,选择应用不同的模型技术,调整模型参数,形成有效的数据模型。

(5)评估。本阶段主要结合业务目标,对已建立的模型进行检查、评估,并进一步完善模型,确保模型符合业务需求。

(6)部署。本阶段主要对已建立的模型进行部署,以方便用户从数据中利用模型挖掘有用的信息,挖掘数据的隐藏价值。

8.2.3　数据挖掘功能与算法

数据挖掘的核心是通过数据挖掘算法实现数据的分类、估计、预测、关联、聚类等。数据挖掘算法的构成如图 8-8 所示。

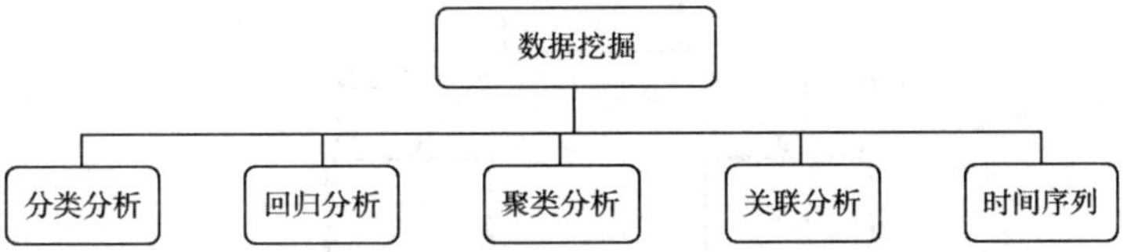

图 8-8　数据挖掘算法的构成

(1)分类分析

分类分析的目的是确定对象属于哪个预定义的目标类,包括分类模型建立、分类模型验证和分类模型使用三个步骤,可用于描述性建模和预测性建模。分类分析的主要算法包括决策树、贝叶斯分类、人工神经网络、支持向量机分类等。

●决策树。决策树是在已知各种情况发生概率的基础上,通过构成决策树来求取净现值的期望值大于等于零的概率,评价项目风险,判断其可行性的决策分析方法,是直观运用概率分析的一种图解法。由于这种决策分支画成图形很像一棵树的枝干,故称“决策树”。在数据挖掘中,决策树是一个预测模型，代表的是对象属性与对象值之间的一种映射关系。树中每个节点表示某个对象，而每个分叉路径则代表某个可能的属性值，每个叶节点则对应从根节点到该叶节点所经历路径所表示的对象的值。常用算法包括ID3、C4.5和C5.0等。以充油变压器的故障诊断为实例，变压器在正常运行过程中受到热、电和机械方面的影响逐渐老化，产生某些气体，当变压器存在潜伏性故障时，其气体产生量明显变化。检验获得变压器油样中溶解的特征气体浓度后，运用决策树分类算法对变压器的故障情况进行分析，决策树算法结构如图8-9所示。

●贝叶斯分类。贝叶斯分类的原理是通过某对象的先验概率，利用贝叶斯公式计算出其后验概率，即该对象属于某一类的概率，选择具有最大后验概率的类作为该对象所属的类。应用贝叶斯网络分类器进行分类主要分成两个阶段：第一阶段是贝叶斯网络分类器的学习，即从样本数据中构造分类器，包括结构学习和条件概率表(Conditional Probability Table，CPT)学习；第二阶段是贝叶斯网络分类器的推理，即计算类节点的条件概率，对分类数据进行分类。这两个阶段的时间复杂性均取决于特征值间的依赖程度，因而在实际应用中，往往需要对贝叶斯网络分类器进行简化。根据对特征值间不同关联程度的假设，可以得出各种贝叶斯分类器。

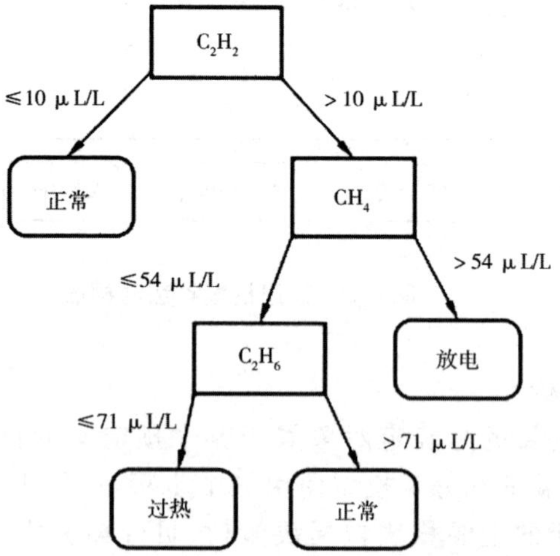

图8-9　变压器故障情况分析决策树算法结构

●人工神经网络。人工神经网络是一种应用类似于大脑神经突触连接的结构进行信息处理的数学模型，在工程与学术界也常直接简称其为“神经网络”或“类神经网络”。神经网络是一种运算模型，由大量的节点(或称“神经元”)之间相互连接构成。每个节点代表一种特定的输出函数，称为“激励函数”(Activation Function)。人工神经网络算法结构如图 8-10 所示。在人工神经网络中，每两个节点间的连接都代表一个通过该连接的信号的加权值，称之为“权重”，这相当于人工神经网络的记忆。网络的输出则因网络的连接方式、权重值和激励函数的不同而不同。网络自身通常是对自然界某种算法或者函数的逼近，也可能是对一种逻辑策略的表达。神经网络的研究内容相当广泛，反映了多学科交叉技术领域的特点。主要的研究工作集中在以下几个方面：

①生物原型研究。从生理学、心理学、解剖学、脑科学、病理学等生物科学方面研究神经细胞、神经网络、神经系统的生物原型结构及其功能机理。

②建立理论模型。根据生物原型的研究，建立神经元、神经网络的理论模型。其中包括概念模型、知识模型、物理化学模型、数学模型等。

③网络模型与算法研究。在理论模型研究的基础上构造具体的神经网络模型，以实现计算机模拟或准备制作硬件，包括网络学习算法的研究。这方面的工作也称为“技术模型研究”。

④人工神经网络应用系统。在网络模型与算法研究的基础上，利用人工神经网络组成实际的应用系统。例如，完成某种信号处理或模式识别的功能、构造专家系统、制成机器人等。

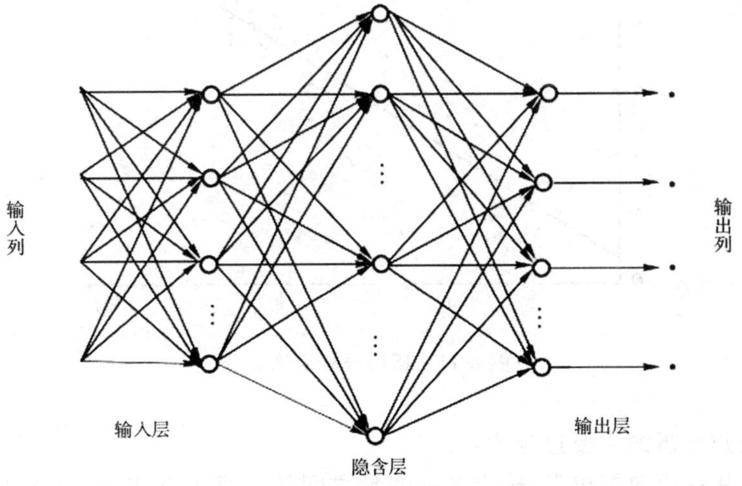

图 8-10　人工神经网络算法结构

●支持向量机分类。支持向量机(Support Vector Machine,SVM)在解决小样本、非线性及高维模式识别中表现出许多特有的优势,并能够推广应用到函数拟合等问题中。支持向量机方法是建立在统计学习理论的 VC 维(Vopnik-Chervonenkis Dimension)理论和结构风险最小原理基础上的,根据有限的样本信息在模型的复杂性(即对特定训练样本的学习精度)和学习能力(即无错误地识别任意样本的能力)之间寻求最佳折中,以求获得最好的推广能力。

(2)回归分析

回归分析(Regression Analysis)是确定两种或两种以上变量间相互依赖的定量关系的一种统计分析方法。回归分析按照涉及的自变量的多少,可分为一元回归分析和多元回归分析;按照自变量和因变量之间的关系类型,可分为线性回归分析和非线性回归分析。如果在回归分析中,只包括一个自变量和一个因变量,且二者的关系可用一条直线近似表示,这种回归分析称为"一元线性回归分析";如果回归分析中包括两个或两个以上的自变量,且因变量和自变量之间是线性关系,则称为"多元线性回归分析"。回归分析算法结果如图 8-11 所示。

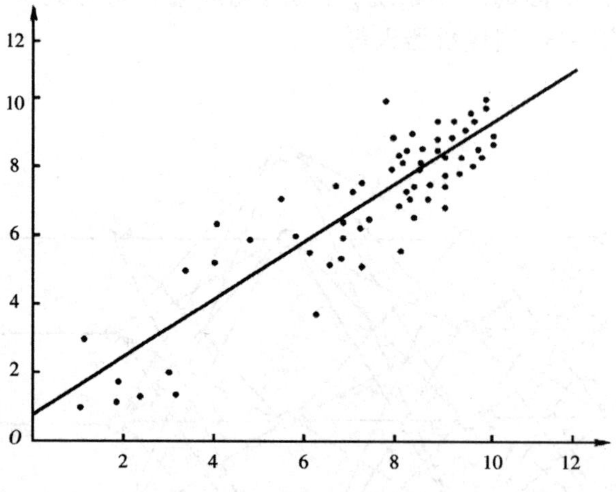

图 8-11　回归分析算法结果

回归分析的主要过程为:

①从一组数据出发,确定某些变量之间的定量关系式,即建立数学模型并估计其中的未知参数。估计参数的常用方法是最小二乘法。

②对这些关系式的可信程度进行检验。

③在许多自变量共同影响着一个因变量的关系中，判断哪个(或哪些)自变量的影响是显著的，哪些自变量的影响是不显著的，将影响显著的自变量选入模型中，剔除影响不显著的变量，通常用逐步回归、向前回归和向后回归等方法。

④利用所求的关系式对某一生产过程进行预测或控制。

回归分析的应用是非常广泛的，统计软件包使各种回归方法的计算十分方便。

需要注意的是，相关分析研究的是现象之间是否相关、相关的方向和密切程度，一般不区别自变量或因变量；而回归分析则要分析现象之间相关的具体形式，确定其因果关系，并用数学模型来表现其具体关系。比如说，从相关分析中可以得知“质量”和“用户满意度”变量密切相关，但是这两个变量之间到底是哪个变量受哪个变量的影响，影响程度如何，则需要通过回归分析方法来确定。

(3)聚类分析

聚类是将数据分类到不同的类或者簇的一个过程，所以同一个簇中的对象有很大的相似性，而不同簇间的对象有很大的相异性。聚类与分类的不同在于，聚类所要求划分的类是未知的。一个聚类分析算法的结果如图8-12所示。

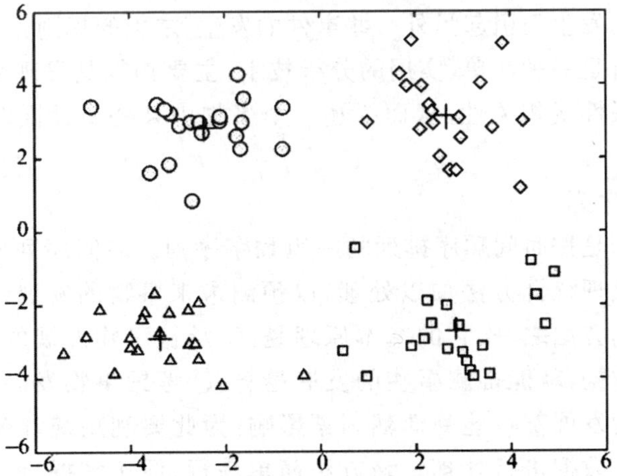

图8-12 某聚类分析算法结果

从统计学的观点看，聚类分析是通过数据建模简化数据的一种方法。传统的统计聚类分析方法包括系统聚类法、分解法、加入法、动态聚类法、有序样品聚类、有重叠聚类和模糊聚类等。采用k均值、k中心点等算法的聚类分析工具已被加入许多著名的统计分析软件包中，如SPSS. SAS等。

从机器学习的角度讲，簇相当于隐藏模式，聚类是搜索簇的无监督学习过程。无监督学习不依赖预先定义的类或带类标记的训练实例，需要由聚类学习算法自动确定标记，而分类学习的实例或数据对象有类别标记。聚类是观察式学习，而不是示例式学习。

聚类分析是一种探索性的分析，在分类的过程中，人们不必事先给出一个分类的标准。聚类分析能够从样本数据出发，自动进行分类。聚类分析所使用的方法不同，常常会得到不同的结论。不同研究者对于同一组数据进行聚类分析，所得到的聚类数未必一致。从实际应用的角度看，聚类分析是数据挖掘的主要任务之一。聚类能够作为一个独立的工具获得数据的分布状况，观察每一簇数据的特征，集中对特定的聚簇集合作进一步的分析。聚类分析还可以作为其他算法（如分类和定性归纳算法）的预处理步骤。

（4）关联分析

关联分析就是从大量数据中发现项集之间有趣的联系。关联分析的一个典型例子是购物篮分析。该过程通过发现顾客放入其购物篮中的不同商品之间的联系，分析顾客的购买习惯。通过了解哪些商品频繁地被顾客同时购买，帮助零售商制定营销策略。其他的应用还包括价目表设计、商品促销、商品的排放和基于购买模式的顾客划分。可从数据库中关联分析出“由于某些事件的发生而引起另外一些事件的发生”之类的规则。

关联分析是一种简单、实用的分析技术，主要功能是发现存在于大量数据集中的关联性或相关性，从而描述一个事物中某些属性同时出现的规律和模式。

（5）时间序列

时间序列是按时间顺序排列的一组数字序列。时间序列分析就是对这组数列应用数理统计方法加以处理，以预测未来事物的发展。时间序列分析是定量预测方法之一，它的基本原理是：①承认事物发展的延续性，认为应用过去的数据，就能推测事物的发展趋势；②考虑事物发展的随机性，认为任何事物的发展都可能受偶然因素影响，为此要利用统计分析中的加权平均法对历史数据进行处理。该方法简单易行、便于掌握，但准确性差，一般只适用于短期预测。时间序列预测一般反映三种实际变化规律：趋势变化、周期性变化、随机性变化。

●时间序列的要素。一个时间序列通常由四种要素组成：趋势、季节变动、循环波动和不规则波动。

①趋势是时间序列在长时期内呈现出来的持续向上或持续向下的变动。

②季节变动是时间序列在一年内重复出现的周期性波动。它是在诸如气候条件、生产条件、节假日或人们的风俗习惯等各种因素影响下的结果。

③循环波动是时间序列呈现出的非固定长度的周期性变动。循环波动的周期可能会持续一段时间，但与趋势不同，它不是朝着单一方向的持续变动，而是涨落相同的交替波动。

④不规则波动是时间序列中除去趋势、季节变动和周期波动之后的随机波动。不规则波动通常总是夹杂在时间序列中，致使时间序列产生一种波浪形或振荡式的变动。只含有随机波动的序列也称为“平稳序列”。

●时间序列的建模步骤。

时间序列建模的基本步骤是：

①用观测、调查、统计、抽样等方法取得被观测系统的时间序列动态数据。

②根据动态数据作出相关图，进行相关分析，求自相关函数。相关图能显示出变化的趋势和周期，并能发现跳点和拐点。跳点是指与其他数据不一致的观测值。如果跳点是正确的观测值，在建模时应考虑进去；如果是反常现象，则应把跳点调整到期望值。拐点则是指时间序列从上升趋势突然变为下降趋势的点。如果存在拐点，则在建模时必须用不同的模型去分段拟合该时间序列，例如采用门限回归模型。

③辨识合适的随机模型，进行曲线拟合，即用通用随机模型去拟合时间序列的观测数据。对于短的或简单的时间序列，可用趋势模型和季节模型加上误差来进行拟合；对于平稳时间序列，可用通用 ARMA 模型（自回归滑动平均模型）及其特殊情况的自回归模型、滑动平均模型等来进行拟合。当观测值多于 50 个时，一般都采用 ARMA 模型。对于非平稳时间序列，则要先将观测到的时间序列进行差分运算，化为平稳时间序列，再用适当模型去拟合这个差分序列。

8.2.4　数据挖掘技术在电网企业中的应用

数据挖掘技术的应用有利于电网企业对产生的数据进行充分利用，是支撑电网企业智能化运营的重要技术手段。数据挖掘技术能充分利用电网企业的基础数据，为智能化运营涉及的经营、调度、检修等方面的业务提供辅助决策支撑，提升企业智能化运营管理水平。当前，电网企业主要产生三类核心数据：①电网企业生产数据（如各种设备运行参数、发电稳定性等指标数据);②电网企业运营数据(如交易电价、售电量等营销数据);③电网企业管理数据,如ERP、协同办公系统等方面的数据。数据挖掘技术在电力系统各环节中的典型应用场景如表8-1所示。

表8-1　数据挖掘技术在电力系统各环节中的典型应用场景

环节	应用场景
发电	间歇性电源发电预测,生产经营数据分析,发电设备故障分析及预测,配煤方案优化
输电	输电塔环境影响分析及预测,线损分析及预测,输电塔、线故障分析及预测,输电网规划优化
变量	变电设备电磁环境影响,电气设备误操作分析,变电设备故障分析及预测,变电运行分析
配电	电器配电分析,配电网络分析及优化,配电设备故障分析及预测,配电侧购电分配分析
用电	用电负荷分析及预测,用电方案优化,用电模型分析,用电用户行为分析
调度	电力调度模型分析及优化,电力调度数据网分析,数据可视化在电力调度中的应用,电力调度方式及决策模型分析

这些数据可以通过各种数据挖掘技术、统计学模型进行计算,生成分析预测结果并通过仪表板及报告(或与其他系统集成)展示,用以完成下列任务:

(1)负荷预测与用户特征提取

电力负荷预测是电网企业电力运营调度管理中的一项非常重要的工作,它关系到电厂各机组的运行计划,预测结果的准确与否直接影响电力部门的经济效益。例如,某电力公司使用数据挖掘技术结合区域电网气象负荷数据库,设计并实现了决策树形式的数据挖掘模型,并将其运用于日负荷预测。统计分析结果表明,日负荷预测数据挖掘模型完全满足实用标准,具有智能自适应、自学习和全过程自动化、通用可靠以及准确率高等特性。挖掘模型算法采用C4.5算法的基于BP(误差反向传播)网络的加权组合,算法还应用范例推理给出节假日调整因子来校正节假日的影响,设计出一种高精度短期负荷预测系统。针对短期负荷预测具有明显周期性的特点,将范例推理方法应用于短期负荷预测,并通过粗糙集方法进行范例的特征属性和特征权值的合理选择,从而保证得到与预测日前一段时间内都相似而不是仅与预测日相似的历史范例集。从寻求准确预测电力系统的目的出发，提出了利用数据挖掘方法将电力系统大量的历史负荷数据按照相应影响因素进行分类，建立负荷预测的决策树，从时间趋势、区域电力、行业电力、重要客户电力等维度，分析预测各地市、各分类、各区域电力负荷的时间分布和空间分布等多维度信息，为电力公司电力计划制订、电力调度、设备维护、检修计划、应急管理等提供科学依据，为电网的发展规划提供决策支撑。

(2)电力系统故障诊断

电力系统故障诊断是通过有关电力系统及其保护装置的广泛知识和继电保护等信息来识别故障元件的位置(区域)、类型和误动作的装置，其中故障元件的识别是关键问题。电力系统故障诊断方法包括专家系统、人工神经网络、优化技术、粗糙集理论、模糊集理论和多代理技术等。其中，粗糙集理论比较适合中小型电力系统和变电站的故障诊断，但在考虑发生多重故障时，粗糙集方法会出现决策表十分庞大，甚至出现“组合爆炸”的问题。决策树用于变电站故障诊断领域，不仅可以实现故障诊断知识的自动获取与表示，而且所获得的以决策树形式表示的知识具有很高的推理速度。基于事件序列的数据挖掘原理故障诊断模型用于高压输电线系统故障诊断领域，依据输电系统故障事件序列在时空特性上的关联性，用动态规划算法的优化相似性原理挖掘事件序列之间的关联性和蕴含的知识，将诊断问题的求解转化为寻求与实时故障事件序列模式最相似的、运算操作代价最小的标准故障序列模式，以实现对异常事件序列模式中畸变事件的复原和纠错，从而保证故障诊断系统的高容错性。另外，还有一种粗糙集理论的决策表约简新算法，通过粗糙集理论与二元逻辑相结合的属性约简算法对诊断决策表进行约简，可快速得到最佳约简组合；同时提出了形成混合策略规则的思路，将约简结果进行融合，从而建立故障所对应的综合知识库模型，用于电网故障诊断中。

8.3　数据可视化技术

8.3.1　数据可视化的概念

数据可视化(Data Visualization)是指运用计算机图形学和图像处理技术，将数据转换为图形或图像，在屏幕上显示出来，并进行交互处理的理论、方法和技术，它涉及计算机图形学、图像处理、计算机辅助设计、计算机视觉及人机交互技术等多个领域。随着计算机技术的发展，数据可视化的概念已大大扩展，它不仅包括科学计算数据的可视化，而且包括工程数据和测量数据的可视化。数据可视化技术可以帮助企业发现运营中隐含的规律，从而为公司决策者提供依据。

随着社会信息化的推进和网络应用的日益广泛，信息源越来越庞大。除了需要对海量数据进行存储、传输、检索及分类外，更需要了解数据之间的相互关系及发展趋势。实际上，在激增的数据量背后，隐藏着许多重要的信息，人们希望能够对其进行更高层次的分析，以便更好地利用这些数据。而数据可视化以图像化的方式表达数据之间的关系，以便人们分析数据背后隐藏的信息。

8.3.2 数据可视化的分类

数据可视化的处理对象是数据，通常包含科学可视化和信息可视化。

8.3.2.1 科学可视化

科学可视化是可视化领域最早、最成熟的一个跨学科研究与应用领域。面向的领域主要是自然科学，如物理、化学、气候气象、航空航天、医学、生物等学科，这些学科通常需要对数据和模型进行解释、操作与处理，旨在寻找其中的模式、特点、关系及异常情况。科学可视化的基础理论与方法已经相对成形，早期的关注点主要在于三维真实世界的物理化学现象，因此数据通常表达在三维或二维空间，或包含时间维度。鉴于数据的类别可分为标量（密度、温度）、向量（风向、力场）、张量（压力、弥散）三类，科学可视化也可粗略分为标量场可视化、向量场可视化和张量场可视化。

(1)标量场可视化

标量指单个数值，即每个记录的数据点上有一个单一的值。标量场指二维、三维或四维空间中每个采样处都有一个标量值的数据场。标量场的来源分为两类：第一类为扫描或测量设备，如从医学断层扫描设备获取的CT（电子计算机断层扫描）、MRI（磁共振成像）三维影像；第二类为计算机或机器仿真，如从核聚变模拟中产生的壁内温度分布。

(2)向量场可视化

向量场在每一个采样点处是一个向量（一维数组）。向量代表某个方向或趋势，如来源于测量设备的风向和旋涡及来源于数据仿真的速度和力量等。向量场可视化主要的关注点是其中蕴含的流体模式和关键特征区域。在实际应用中，由于二维或三维流场是最常见的向量场，所以流场可视化是向量场可视化中最重要的组成部分。

(3)张量场可视化

张量是矢量的推广，标量可看作 0 阶张量，矢量可看作 1 阶张量。张量场可视化方法有基于纹理、几何和拓扑的方法三类。

●基于纹理的方法将张量场转换为静态图像或动态图像序列，图释张量场的全局属性，其思路是将张量场简化为向量场，进而采用线积分法、噪声纹理法等方法显示。

●基于几何的方法生成刻画某类张量场属性的几何表达。其中，图标法采用某种几何形式表达单个张量，如椭球和超二次曲面；超流线法将张量转换为向量（如二阶对称张量的主特征方向），再沿主特征方向进行积分，形成流线、流面或流体。

●基于拓扑的方法计算张量场的拓扑特征（如关键点、奇点、灭点、分叉点和退化线等），依次将感兴趣区域剖分为具有相同属性的子区域，并建立对应的图结构，实现拓扑简化、拓扑跟踪和拓扑显示。基于拓扑的方法可有效生成多变量场的定性结构，快速构造全局流场结构，特别适合于数值模拟或实验模拟生成的大尺度数据。

8.3.2.2　信息可视化

信息可视化处理的对象是抽象的非结构化数据集合（如文本、图表、层次结构、地图、软件、复杂系统等）。此类数据通常不具有空间中的位置属性，因此要根据特定数据分析的需求，决定数据元素在空间中的布局。因为信息可视化的方法与所针对的数据类型紧密相关，所以通常按数据类型将它大致分为如下几类。

(1)时空数据可视化

时间与空间是描述事物的必要因素，因此，地理信息数据和时变数据的可视化也显得至关重要。对于地理信息数据可视化来说，合理地选择和布局地图上的可视化元素，从而呈现尽可能多的信息是关键。时变数据通常具有线性和周期性两种特征，需要依此选择不同的可视化方法。

(2)层次与网络结构数据可视化

层次结构数据类似于一棵树，它是有一个根节点，并且不存在回路的特殊网络，如公司的组织结构、文件系统的目录结构、家谱等。网络结构数据是现实世界中最常见的数据类型之一，如人与人之间的关系、城市之间的道路连接、科研论文之间的引用都组成了网络。层次与网络结构数据通常使用点线图来实现可视化，如何在空间中合理有效地布局节点和连线是可视化的关键。

(3)文本和跨媒体数据可视化

随着网络媒体特别是社交媒体的迅速发展，每天都会产生海量的文本数据。人们对于视觉符号的感知和认知速度远远高于文本，因此，通过可视化呈现其中蕴含的有价值的信息，将大大提高人们对于这些数据的利用率。具体需要从非结构化文本数据中提取结构化信息，并进行可视化。

(4)多变量数据可视化

用于描述现实世界中复杂问题和对象的数据通常是多变量的高维数据，如何将其在二维屏幕上呈现是可视化面临的挑战。多变量数据的可视化方法包括将数据降维到低维度空间，使用相互关联的多视图同时表现不同维度等。

8.3.3 可视化工具

可视化工具分为入门级工具、网络数据化工具、互动图形用户界面(GUI)控制、地图工具、进阶及专家级工具五类，其中入门级工具如 Excel，网络数据化工具如 Google Chart API、Flot、D3 等，互动图形用户界面如 Crossfilter、Tangle 等，地图工具包包括 Modest Maps、Leaflet、Poly Maps 等，进阶及专家级工具包包括 Processing、NodeBox、R 等。大型企业的数据分析及展示大多选用较为成熟的软件，如 SPSS、IBM Cognos、Tableau 等软件。

8.3.3.1 IBM SPSS

SPSS 是世界上最早的统计分析软件，可采用图形菜单驱动界面进行数据分析，并通过可视化图形界面展示数据分析结果。

SPSS 操作界面中存在窗口和对话框两种展示功能：窗口方式展示各种管理和分析数据方法，对话框展示各种功能选择项。SPSS 采用类似于 Excel 表格的方式输入与管理数据，数据接口较为通用，能方便地从其他数据库中读入数据，统计过程较为成熟、常用，且输出结果美观实用，存储时则是用专用的 SPO 格式，可以转存为 HTML 格式和文本格式。

SPSS 的基本功能包括数据管理、统计分析、图表分析、输出管理等。SPSS 的统计分析过程包括描述性统计、均值比较、一般线性模型、相关分析、回归分析、对数线性模型、聚类分析、数据简化、生存分析、时间序列分析、多重响应等几大类，每类中又分好几个统计过程，比如回归分析中又分线性回归分析、曲线估计、加权估计、两阶段最小二乘法、非线性回归等多个统计过程，而且每个过程中又允许用户选择不同的方法及参数。SPSS 也有专门的绘图系统，可以根据数据绘制各种图形。

SPSS for Windows 由于操作简单，已经在我国的社会科学、自然科学等领域被广泛应用，它还可以应用于经济学、统计学、医疗卫生、体育、电力等领域。

8.3.3.2　IBM Cognos

IBM Cognos 是一款商业分析软件，它可以提供报表、分析、记分卡、仪表盘等解决方案。作为一个全面、灵活的产品，IBM Cognos 业务智能解决方案可以整合到现有的多系统和数据源架构中。

IBM Cognos 展现的报表基于统一的元数据模型，统一的元数据模型为应用提供了统一、一致的视图。用户可以在浏览器中自定义格式灵活、元素丰富的报表，而且可以进行开放式查询。IBM Cognos 还具有穿透钻取(Drill Through)、切片(Slice)和切块(Dice)以及旋转(Pivot)等功能，使分析人员、管理人员或执行人员能够从多角度对信息进行快速、一致、交互的存取，从而有效地将各种相关的信息关联起来，使用户在分析汇总数据的同时，能够深入到自己感兴趣的细节数据中，以便更全面地了解情况，作出正确决策。

IBM Cognos 的报表制作和展示功能能够制作、展示多种形式的报表，并可通过 Web 界面使用方式进行部署和管理，同时 IBM Cognos 还可以同数据挖掘工具、统计分析工具配合使用，增强决策分析功能。

8.3.3.3　Tableau

Tableau 是新一代的 BI(商业智能)软件，因其良好的架构和丰富的可视化分析界面，被广泛应用于多个行业。它将数据探索和数据可视化合并到一个应用程序中，熟悉 Excel 的人员都可以通过它创建丰富的交互式分析和强大的仪表板，然后在企业进行共享。其主要包括 Tableau Desktop，Tableau Server 两类产品。

Tableau 具有高度可扩展的 n 层客户端—服务器体系结构，该体系结构为移动客户端、Web 客户端和桌面安装的软件提供服务。它支持不同形式并存的数据体系结构，如数据仓库与数据库、多维数据集、平面文件(如 Excel)等并存时，Tableau 仍可使用，它可以同时与所有这些数据形式配合工作。

8.3.4　可视化技术在电网智能调度系统中的应用

调度系统现有的安全监控和数据采集系统/能源管理系统(SCADA 系统/EMS)有成熟的理论基础和应用经验，但也有一些问题，如在实时运行系统中，调度员与自动化系统间的互动关系不畅；系统海量数据的抽取及其效用展示不足；数据挖掘方法等未完全依赖于数学知识模型；生产和管理等诸多系统中多源数据的融入与开放度不够。针对上述问题，以调度员思维模式为框架，以可视化界面为功能模范，设计了以互动计算为系统核心的电网智能调度可视化系统。

该系统的特点如下：①很好地继承了原有SCADA系统/EMS中有效的实践经验；②有效地采用了调度员在实际调度中的思维模式，可按调度原则顺序展示工作流，更可以按调度员的直觉跳跃工作；③将可视化界面与功能紧密结合，展示调度员所思、想看及动手操作的具有视觉敏感的界面，加深对系统态势及解决方法的理解；④系统框架是一个开放式系统。该系统的核心算法是互动与顺序协调统一的在线算法，可采用纯数学模型算法、数据挖掘算法、人工智能算法等。

该系统按照电网运行状态分三层显示：

第一层显示电网整体运行状态。正常情况下，可视化系统的可视化界面上只显示很少的信息，但是一旦可视化系统进入预警状态，则立即通过非常直观的图形界面进行报警，并通过多种手段来表示不同等级的告警，如通过颜色的变化来表示告警，浅色表示低等级告警，颜色越深，告警等级越高。告警等级可以通过可视化系统的配置属性进行设置。

第二层显示宏观数据分析结果。正常情况下，可视化系统可以用三维柱状图监视特定的一个或多个断面的潮流。如电网处于正常安全状态，则用图形方式显示电网离不安全状态的距离；如处于不正常运行状态，则给出解除不安全状态的建议对策。同时，每五分钟一次，实时扫描并分析，以图形方式给出每种故障严重程度的指标。

第三层显示所关心量的具体数值。可视化系统可以显示所有设备的监视数据。

8.4 云计算

8.4.1 云计算概述

8.4.1.1 云计算的概念

云计算是基于互联网的相关服务的增加、使用和交付模式，通常需通过互联网提供动态易扩展且经常是虚拟化的资源。云计算代表了以虚拟化技术为核心、以低成本为目标的动态可扩展网络应用基础设施，是近年来最有代表性的网络计算技术与模式。

美国国家标准与技术研究院提出：云计算是一种模型，它可以随时随地、快捷地、按需应变地从可配置计算资源池中获取所需的资源（如网络服务器、存储、应用及服务），资源能够快速提供并释放，使管理资源的工作量与服务提供者的交互减小到最低限度。

8.4.1.2 主要特征

云计算通过大量的分布式计算机进行计算，使得企业能够将资源切换到需要的应用上，并根据需求访问计算机和存储系统。好比是从单台发电机模式转向了电厂集中供电的模式，它意味着计算能力也可以作为一种商品进行流通，就像煤气、水电一样，取用方便，费用低廉，而最大的不同之处在于，它是通过互联网进行传输的。

8.4.1.3 主要分类

根据云服务对象的不同，云的形态可以分为私有云和公有云，企业内部可能同时拥有这两种形态的云，另外还存在社区云和混合云。

(1)私有云(也称内部云)

企业自己搭建云计算基础架构，面向内部用户提供云计算服务。企业拥有基础架构的自主权，并且可以基于自己的需求改进服务，进行自主创新。其意义在于可加速企业内部创新的速度，整合企业内部资源，提高资源利用率，同时降低管理成本。私有云包括测试/开发云、数据中心云和内部存储云等。

(2)公有云

企业通过自己的基础设施直接向外部用户提供服务。外部用户通过互联网访问云计算提供的服务，无须自行构建云计算资源。其意义在于企业能够以低廉的价格提供有吸引力的服务给最终用户，创造新的业务价值。公有云作为一个支撑平台，还能够整合上游的服务(如增值业务、广告)提供者和下游最终用户，打造新的价值链和生态系统。公有云包括搜索云、企业办公云、个人存储云和公共计算云等。

(3)社区云和混合云

社区云指在特定社区内共享的云系统，如由某公司及其合作伙伴共同承建并分享使用的云系统。混合云指由以上三种云系统中的两种以上云系统共同配合来提供 IT 服务的混合型云系统。

8.4.1.4 服务模式

云计算具有低成本、高性能、高可靠运行架构的特点，能满足用户对信息化、互联网、移动互联网等业务的应用需求。云计算通常包括以下三个层次的服务：基础设施即服务(IaaS)、平台即服务(PaaS)和软件即服务(SaaS)。

(1)IaaS(基础设施即服务)

通过互联网可以从完善的计算机基础设施获得服务。基础设施服务提供商为用户提供虚拟机或存储资源，在这种服务模式下，用户无须对计算机基础设施进行管理与维护，就可直接由基础设施加载应用。这种服务的特点是资源抽象和资源管理自动化。资源抽象是指基础设施提供商运用虚拟化手段,对分散的物理资源进行逻辑抽象,以方便用户对资源进行统一调用;资源管理自动化是指基础设施架构不但拥有自动的资源优化功能以实现资源的负载均衡,而且拥有资源部署功能,以实现资源从创建到使用的自动化。

在 IaaS 模式下,云计算服务商提供虚拟的硬件资源,如虚拟的主机以及存储、网络、安全等资源,用户无须购买服务器、网络设备和存储设备,只需通过网络租赁即可搭建自己的应用系统。IaaS 定位于底层,向用户提供可快速部署、按需分配、按需付费的高安全与高可靠性的计算能力以及存储能力租用服务,并可为应用提供开放的云基础设施服务接口,用户可以根据业务需求灵活定制租用相应的基础设施资源。

(2)PaaS(平台即服务)

PaaS 实际上是指将软件研发平台作为一种服务,以 SaaS 的模式提交给用户。因此 PaaS 也是 SaaS 模式的一种应用。但是,PaaS 的出现可以加快 SaaS 的发展,尤其是加快 SaaS 应用的开发速度。PaaS 提供商为用户提供软件开发工具包,方便用户在客户端开发及测试应用程序。

在 PaaS 模式下,用户只需集中精力进行应用软件开发,而无须考虑系统资源的管理。平台服务对应的用户是应用的开发者。平台服务的特点是开发环境友好、资源调度自动化、应用管理精细化。开发环境友好是指平台服务提供商为应用开发者提供便捷的工具包以进行软件开发、测试;资源调度自动化是指平台服务能够根据在其上运行的应用程序状态自动调动系统资源,以应对应用突发的大量资源请求;应用管理精细化是指平台服务可以同步监控应用的运行状态以及应用使用的系统资源量,这样可以根据应用对系统资源的消耗而合理地收取费用。

(3)SaaS(软件即服务)

SaaS 是指用户通过标准的 Web 浏览器来使用 Internet 上的软件。从用户角度来说,这意味着他们前期无须在服务器或软件许可证授权上进行投资;从供应商角度来看,与常规的软件服务模式相比,维护一个应用软件的成本要相对低廉。SaaS 供应商通常是按照客户所租用的软件模块来进行收费的,因此用户可以按需订购软件应用服务。SaaS 提供商为用户提供按需使用的应用软件,软件的升级、维护等工作完全由 SaaS 提供商在云端完成,SaaS 提供商只向用户收取软件的使用或者租赁费用,而不是将软件出售给用户。SaaS 提供商对应的用户是使用应用软件的终端用户。

SaaS 的特征是:多用户服务、安全性、支持通用协议。多用户服务是指每个软件服务的对象是众多的,对海量用户的服务可以产生较大的规模效益，所提供的服务并非完全同质，对某些对象可提供定制化的服务。安全性是指软件提供商将在云端及客户端两个层面确保用户的数据是安全的。支持通用协议是指软件服务可以与通用的、公开的协议对接，用户连接网络就可以方便地使用应用软件。随着软件与服务结合程度的更加紧密，软件服务与应用软件的发展趋势具有较强的一致性，软件服务的发展也将具有多样化、个性化和强适应性的趋势。

8.4.2　云计算核心技术及平台

8.4.2.1　云计算核心技术

(1)并行计算技术

科研领域并行计算的主流技术是 MPI(消息传递接口)，以支持 Fortran 语言、C 语言程序的科学计算为优势。云计算领域的代表性技术是 Hadoop，突出商用的扩展性架构、大数据量处理，大大简化开发难度，屏蔽系统底层的复杂性。

(2)分布式存储技术

为保证高可用、高可靠和经济性，云计算采用分布式存储的方式来存储数据，采用冗余存储的方式来保证存储数据的可靠性，即为同一份数据存储多个副本。云计算系统需要同时满足大量用户的需求，并行地为大量用户提供服务，因此，云计算的数据存储技术必须具有高吞吐率和高传输率。

(3)数据管理技术

云计算需要对分布的、海量的数据进行处理、分析，因此，数据管理技术必须能够高效管理大量的数据。

(4)绿色 IT 信息技术

企业数据中心的正常运转需要电力、冷却系统、占地空间和环境等因素的有效支撑。发电会排放温室气体，IT 设备的冷却、不间断电源(UPS)的供电、发电和输电会消耗大量的能源，占地空间的需求、废旧设备的清理等都会影响到自然环境，因此企业需要考虑电力、冷却系统、占地空间和环境等因素，并制定优化策略来满足企业的绿色环保要求。

(5)自动化部署技术

自动化部署是指通过自动安装和部署，将计算资源从原始状态变为可用状态，在云计算中体现为将虚拟资源池中的资源划分、安装和部署成可以为用户提供各种服务和应用的过程，其中包括硬件(服务器)、软件(用户需要的软件和配置)、网络和存储。自动化部署的逻辑处理过程如图 8-13 所示。

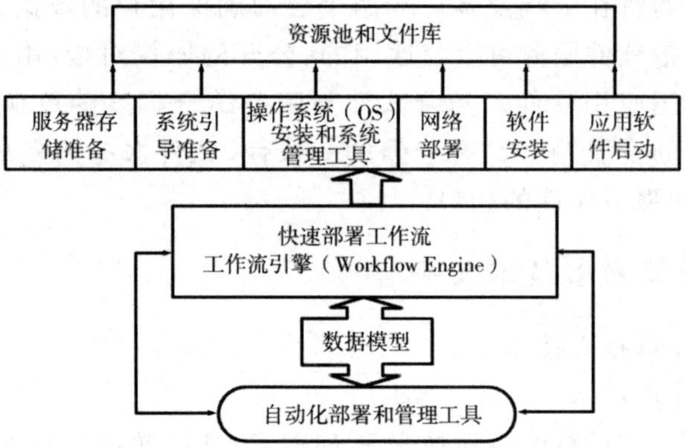

图 8-13　自动化部署的逻辑处理过程

(6)虚拟化技术

通过池化和共享 IT 基础设施资源实现资源优化利用和按需自动供给。虚拟化通常是指在虚拟资源基础上而不是真实的基础上运行计算的一种技术。虚拟化技术可以扩大硬件的容量,简化软件的重新配置过程。虚拟化技术主要分为以下几种:

●服务器虚拟化。通过区分资源的优先次序,实现随时随地将服务器资源分配给最需要它们的工作负载,以达到简化管理和提高效率的目标,从而减少为单个工作负载峰值而储备的资源。

●存储虚拟化。存储虚拟化是一种打通存储底层的基础建设,通过虚拟化产品提供的逻辑层整合整个存储环境,为前端服务器的存储需求提供单一化服务。

●网络虚拟化。网络虚拟化是将基于服务的传统客户端/服务器迁移到网络上以实现服务的一种技术。

8.4.2.2　云计算平台

云计算平台使企业可以更有效地利用 IT 硬件和软件投资,方便企业对云计算资源池的管理。常见的云计算平台如下:

(1)Cloud Stack 云计算平台

Cloud Stack 是一个开源的具有高可用性及扩展性的云计算平台。可以管理大部分主流的操作系统中间层管理软件,如 VMware,Oracle VM 等。使用 Cloud Stack 作为基础,数据中心操作者可以快速方便地通过现存基础架构创建云服务。

(2)Open Stack 云计算平台

Open Stack 是一个自由软件和开放源代码项目，可为公共云及私有云的建设与管理提供软件，其首要任务是简化云的部署过程并为其带来良好的可扩展性。

(3)vSphere 虚拟化技术

vSphere 是一套服务器虚拟化解决方案，它将应用程序和操作系统从底层硬件分离出来，从而简化了 IT 操作。现有的应用程序可以看作专有资源，而服务器则可以作为资源池进行管理。因此，业务将在简化但恢复能力极强的 IT 环境中运行。vSphere 中的核心组件为 VMwareESXi，在 ESXi 安装好以后，可以通过 vSphere Client 远程连接控制，在 ESXi 服务器上创建多个虚拟机，在为这些虚拟机安装好 Linux 或 Windows Server 操作系统后，它们就成为能提供各种网络应用服务的虚拟服务器。ESXi 还支持硬件虚拟化，运行于其中的虚拟服务器性能好、稳定性高，而且更易于管理维护。

8.4.3　电力系统仿真云计算中心的应用

电力系统仿真云计算中心将电力系统计算模式由单独部署的硬件和独立运行的软件转换为集中部署的计算机平台和统一提供的软件，实现电网数据的融合一致及计算的统一协作。电力系统仿真云计算中心的体系架构可分为基础设施、数据管理、仿真计算、协同工作和咨询服务等几个云层，每一层都为上一层提供服务。电力系统仿真云计算中心可提供 5 万节点规模的大电网计算，支持 10 万用户。通过这一套软件系统，完全可以为总部、省公司、地公司和县公司等各级单位的生产、运行、规划、设计、科研、试验等工作提供在线、稳定、安全的计算服务。

根据服务对象的不同，电力系统仿真云计算中心提供两种服务方式：通过人机界面为最终用户提供计算操作服务和通过程序接口为其他软件系统提供计算调用服务。通过云计算中心的人机界面，总部及下属各单位，在云计算中心建立各自的企业账号，分配相应的资源，就可以建立自己的数据空间，然后通过浏览器录入电网模型数据，进行计算和分析。用户在应用过程中无须关心软件设置，实现计算的具体位置和计算资源的配置。通过云计算中心提供的服务接口，电网企业各级部门的软件系统如规划系统、安全评估和预警等系统，可将数据发送给云计算中心进行计算，计算完成后取回计算结果进行分析。

根据电力系统信息安全的要求，电力系统仿真云计算中心初期可部署在电网企业信息安全内网上。随着安全水平的提高，电力系统仿真云计算中心也可以部署在互联网上，为科研单位、高等院校和公众提供计算服务。

8.5 物联网

8.5.1 物联网概述

8.5.1.1 基本概念

物联网就是物物相连的互联网，它有两层含义：①物联网的核心和基础仍然是互联网，它是在互联网基础上延伸和扩展的网络；②物联网用户端延伸和扩展到任何物品与物品之间，进行信息交换和通信。物联网通过智能感知、识别技术与普适计算等被广泛应用于网络的融合中，因此也被称为继计算机、互联网之后世界信息产业发展的“第三次浪潮”。

中国物联网校企联盟将物联网定义为当下几乎所有信息通信技术与计算机、互联网技术的结合，以实现物体与物体之间环境及状态信息的实时共享以及数据智能化的收集、传递、处理、执行。从广义上说，涉及信息技术的应用都可以纳入物联网的范畴。

8.5.1.2 主要特征

物联网通过感知技术、互联网技术，实现了物与物相连，其主要特征如下：

(1)物联网是各种感知技术的广泛应用

物联网上部署了海量的多种类型传感器，每个传感器都是一个信息源，不同类别的传感器所捕获的信息内容和信息格式不同。传感器获得的数据具有实时性，按一定的频率周期性采集环境信息，不断更新数据。

(2)物联网是一种建立在互联网上的泛在网络

物联网技术的重要基础和核心仍旧是互联网，通过各种有线和无线网络与互联网融合，将物体的信息实时准确地传递出去。在物联网上的传感器定时采集的信息需要通过网络传输，由于其数量极其庞大，形成了海量信息。为了保障数据的正确性和及时性，这些数据在传输过程中必须适应各种异构网络和协议。

(3)物联网具备一定的智能化处理能力

物联网不仅提供了传感器的连接，其本身也具有智能化处理的能力，能够对物体实施智能控制。物联网将传感器和智能化处理相结合，利用云计算、模式识别等智能技术，扩充其应用领域。从传感器获得的海量信息，可以利用大数据技术进行分析、加工，形成有意义的信息，以适应不同用户的不同需求。此外，物联网的精神实质是提供不拘泥于任何场合、任何时间的应用场景与用户的自由互动，它依托云服务平台和互通互联的嵌入式处理软件，弱化技术色彩，强化与用户之间的良性互动，具备更佳的用户体验、更及时的数据采集和分析建议，是通往智能生活的物理支撑。

8.5.1.3　主要技术

(1)射频识别技术

射频识别技术(RFID)是一种无线通信技术，可以通过无线电信号识别特定目标并读写相关数据，而无须在系统与特定目标之间建立机械或者光学接触。许多行业都运用了射频识别技术，例如：将射频标签附着在一辆生产中的汽车上，可以追踪此车在生产线上的进度；将射频标签附于牲畜身上，方便对牲畜进行积极识别(积极识别的意思是防止数只牲畜使用同一个身份)；射频识别的身份识别卡可以使人进入锁住的建筑部分；汽车上的射频应答器可以用来征收收费路段与停车场的费用。

(2)无线传感器网络

无线传感器网络可以看成是由数据获取网络、数据分布网络和控制管理中心三部分组成的。其主要组成部分是集成有传感器、数据处理单元和通信模块的节点，各节点通过协议自组成一个分布式网络，再将采集来的数据优化后经无线电波传输给信息处理中心。其特性主要表现为具有无中心自组网、网络拓扑的动态变化、传输能力有限等。

(3)嵌入式系统

嵌入式系统是一种完全嵌入受控器件内部，为特定应用而设计的专用计算机系统，由一个或几个预先编程好用来执行少数几项任务的微处理器或者单片机组成。嵌入式系统可在成熟的平台和产品基础上与应用传感单元结合，扩展物联和感知的能力，发掘某领域物联网应用。作为物联网的重要技术组成，嵌入式系统的应用有助于使人们深刻全面地理解物联网的本质。

8.5.2　物联网架构

物联网架构可分为感知层、网络层和应用层三层，如图 8-14 所示。

8.5.2.1　感知层

物联网中要实现物与物和人与物间的通信，感知层是必需的。感知层

主要实现信息采集、捕获和识别功能。感知层的关键技术包括传感器、RFID、GPS(全球定位系统)、自组织网络、传感器网络和短距离无线通信等。感知层必须解决低功耗、低成本和小型化的问题，并且向灵敏度更高、更全面的感知能力方向发展。

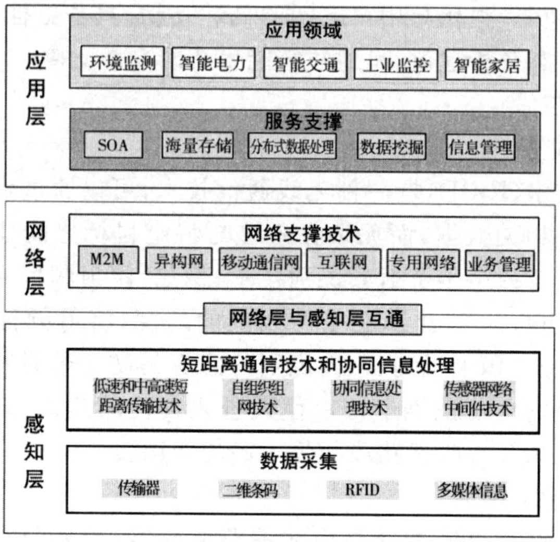

图 8-14　物联网三层架构

感知层是物联网应用的基础，包括传感器等数据采集设备以及数据接入网关之前的传感器网络。如 RFID 标签和用来识别 RFID 信息的扫描仪、视频采集的摄像头、各种传感器以及实现短距离传输技术的无线传感器网络。

8.5.2.2　网络层

网络层由各种网络（包括互联网、广电网、网络管理系统和云计算平台等）组成，是整个物联网的中枢，负责传递和处理感知层获取的信息。网络层建立在现有通信网和互联网的基础上，综合使用 2G、3G、有线宽带，Wi-Fi 等通信技术，实现有线与无线的结合、宽带与窄带的结合、感知网与通信网的结合。网络层主要进行信息的传递，包括接入网和核心网。网络层要根据感知层的业务特征，优化网络特性，实现物与物之间的通信、物与人之间的通信以及人与人之间的通信，这要求必须建立一个端到端的全局物联网络。

物联网中有很多设备的接入是泛在化的接入、异构的接入，接入网有移动网络、无线接入网络、固定网络和有线电视网络，接入方式多种多样。移动通信网具有覆盖范围广、建设成本低、部署方便、具备移动性等特点，这些特点使移动网络将成为物联网的主要接入方式。通信网络通过多种方式提供广泛的互联互通，形成一个自主的网络，还要连接大的网络，是一个层次性的组网结构，要借助有线和无线技术，实现无缝透明接入。随着物联网业务种类的不断丰富、应用范围的不断扩大、应用要求的不断提高，通信网络会实现从简单到复杂、从单一到融合、从多种接入方式到核心网的整体融合。

8.5.2.3　应用层

应用层是物联网和用户的接口，它与行业需求结合，实现物联网的智能应用。物联网应用层分析处理感知数据，为用户提供丰富的应用服务。物联网的应用可分为监控型（如物流监控、环境监控）、查询型（如智能检索、远程抄表）、控制型（如智能交通、智能家居、安全控制）、扫描型（如手机钱包、园区人车管理）等。

应用层负责物联网的信息处理和应用，面向各类应用，实现信息的存储、数据的挖掘、应用的决策等，涉及海量信息的智能处理、分布式计算、中间件、信息发现等多种技术。由于传送是由多种异构网络组成的，而物联网的应用是多种多样的，因此在传送层和应用层之间需要有中间件进行承上启下。中间件是一种独立的系统软件或者服务程序，能够隐藏底层网络环境的复杂性，处理网络之间的异构性。分布式应用软件借助中间件在不同的技术应用之间共享资源，中间件是分布式计算和系统集成的关键组件。

8.5.3　物联网技术在电力行业中的应用

物联网技术可实现设备数据的自动采集，是实现电网企业智能化运营的重要应用技术之一，可提升电网企业智能化管理水平。

8.5.3.1　无线电力抄表

人工抄表不仅耗时耗力，还可能存在数据误差、抄表时间不同步、速度慢等缺点。智能电网时代用户的电力信息更为复杂，电信运营商采用无线电力抄表可大大降低人工成本，减少抄写误差，并远程实现对用电量的监控，便于电网企业及时进行电力传送调度。

8.5.3.2　无线设备监控

电网企业的变电站、变压器等配电设备的数量巨大，分布范围广而分散，对数据的实时性和准确性要求较高。采用无线设备可对电力设备的使用情况进行监视，降低电网企业监控设备成本支出，完善电力网络的预警能力和抵抗能力。

8.5.3.3　负荷管理系统

电力负荷管理用于实时监控客户侧（尤其是 100kVA 以上的大客户）的用电负荷、电量等现场信息，具有数据采集、防盗电、控制负荷等功能。在电力紧缺时，应用电力负荷管理系统可以有效地缓解电力供需矛盾，实现有序用电。在电力供需矛盾缓和时，电力负荷管理系统能够改善和提高对客户的服务质量，提高用电管理水平。

8.5.3.4 智能巡检管理

线路巡检在电力领域的生产运营和线路维护中具有十分重要的作用。在实际工作中普遍采用人工工作模式，信息少、效率低，无法满足规范化要求。采用智能巡检管理能很好地解决这个对电网企业来说非常棘手的问题，降低了维护难度和工作量。

8.6 移动互联网

8.6.1 移动互联网概述

8.6.1.1 基本概念

移动互联网是互联网与移动通信各自独立发展后互相融合的新兴市场，目前呈现出互联网产品移动化强于移动产品互联网化的趋势。从技术层面的定义来看，以宽带IP为技术核心，移动互联网是可以同时提供语音、数据和多媒体业务的开放式基础电信网络；从终端的定义来看，用户使用手机、上网本、笔记本电脑、平板电脑(PAD)、智能本等移动终端，通过移动网络获取移动通信网络服务和互联网服务。移动互联网的核心是互联网，因此一般认为移动互联网是桌面互联网的补充和延伸，应用和内容仍是移动互联网的根本。

8.6.1.2 基本特点

虽然移动互联网与桌面互联网共享着互联网的核心理念和价值观，但移动互联网有实时性、隐私性、便携性、准确性、可定位的特点，日益丰富的移动装置也是移动互联网的重要特征之一。从客户需求来看，移动互联网以运动场景为主，业务应用相对短小精悍。移动互联网的特点可以概括为以下几点：

(1)终端移动性

移动互联网业务使得用户可以在移动状态下接入和使用互联网服务，移动的终端便于用户随身携带和随时使用。

(2)业务使用的私密性

在使用移动互联网业务时，用户所使用的内容和服务更私密，如手机支付业务等。

(3)终端和网络的局限性

移动互联网业务在便携的同时，也受到了来自网络能力和终端能力的限制：在网络能力方面，它受到无线网络传输环境、技术能力等因素的限制；在终端能力方面，它受到终端大小、处理能力、电池容量等的限制。无线资源的稀缺性决定了移动互联网必须遵循按流量计费的商业模式。

(4)业务与终端、网络的强关联性

由于移动互联网业务受到了网络能力及终端能力的限制，因此，其业务内容和形式也需要适合特定的网络技术规格和终端类型。

8.6.1.3　关键技术

(1)手机APP(应用程序)技术

APP是Application的缩写，通常专指手机上的应用软件，或称“手机客户端”。手机APP就是手机应用程序。随着智能手机越发普及、用户越发依赖手机软件商店，APP开发的市场需求与发展前景也逐渐蓬勃。

(2)移动支付

移动支付是指消费者通过移动终端(通常是手机、PAD等)对所消费的商品或服务进行账务支付的一种支付方式。客户通过移动设备、互联网或者近距离传感直接或间接向银行金融企业发送支付指令，产生货币支付和资金转移，实现资金的移动支付，实现终端设备、互联网、应用提供商以及金融机构的融合。随着移动通信从话音业务转向数字业务，各种移动增值业务层出不穷，而移动支付就是其中的一个亮点。移动支付具有移动性、实时性、快捷性等方面的特点。

(3)WAP

WAP(无线应用协议)是在数字移动电话、互联网或其他个人数字助理机(PDA)、计算机应用乃至未来的信息家电之间进行通信的全球性开放标准，融合了计算机、网络和电信领域的诸多新技术，旨在使电信运营商、Internet内容提供商和各种专业在线服务供应商能够为移动通信用户提供一种全新的交互式服务。WAP只要求移动电话和WAP代理服务器的支持，而不要求现有的移动通信网络协议做任何的改动，因而可以被广泛地应用于GSM(全球移动通信系统)、CDMA(码分多址)、TDMA(时分多址)、3G等多种网络。

(4)二维码

二维码(Two-dimensional Code)，又称“二维条码”，它是按一定规律在平面(二维方向)上分布的黑白相间的图形，是记录数据符号信息的条码。常用的码制有Data Matrix、Maxi Code、Aztec、QR Code、Vericode、PDF417、Ultracode、Code 49、Code 16K等。在现代商业活动中，通过二维码可实现的应用十分广泛，如产品防伪/溯源、广告推送、网站链接、数据下载、商品交易、定位/导航、电子凭证、车辆管理、信息传递、名片交流、Wi-Fi共享等。

目前,互联网行业的发展已经进入一个新阶段,移动互联网技术的发展和运用日益成熟,传统互联网企业已经开始自觉地运用移动互联网技术和概念拓展新业务和方向。无论是传统企业还是互联网企业,想要发挥移动互联网的种种优势和潜力就必须掌握广泛的移动技术和技能,包括 HTML5、多平台/多架构应用开发工具、可穿戴设备、高精确度移动定位技术、新的 Wi-Fi 标准、高级移动用户体验设计、企业移动管理等。

8.6.2 移动互联网技术在电力行业中的应用

8.6.2.1 移动信息化管理

电网企业往往具有办公场所分散、人员移动性强等特点。采用移动信息化管理可为员工提供便捷的移动信息访问服务,配合相应的软件,员工可以随时登录内网,完成前线受理业务和后台集中技术、收发内部邮件、批转公文、信息查询等各种办公操作。

8.6.2.2 移动抢修作业

在运维一体化、检修专业化的“大检修”要求下,借助互联网与移动应用技术,建立生产管理现场运行检修“互联网+”新模式,一方面,可实现线路巡视、运行维护、设备倒闸操作、维护类检修等一体化管理,实时反馈信息,以及检修全过程的电子化处理;另一方面,可针对配电设备故障识别,结合 PMS、电网 GIS、调度自动化、营销、95598 配网抢修、用电采集等数据进行综合分析,构建故障设备信息库,为运维检修提供智能分析,增强电网运行可靠性。

8.6.2.3 发挥“线上线下”联动作用,提供“一站式”业扩报装服务

充分调动线上线下资源,线上全天候受理,线下一站式办理,发挥部门联动作用,降低业务响应时间,提供更加智能、便捷、高效的业扩报装服务。用户基于微信、“掌上电力”等线上渠道办理业务,后台工单调度资源池通过精益规划、智能匹配及科学调度,自动派送任务到相关人员,安排其进行现场作业,现场人员通过移动作业终端,在客户现场完成信息验证、确定服务方案、签订电子化合同、安装计量装置、通电等业务流程,突破企业内网限制,实现处理结果与信息的实时上传;客户则可随时在线上查看办理进度、作业地理轨迹、处理方案并进行服务评价,完成闭环一站式业扩报装服务体验。

8.7 人工智能

8.7.1 理解人工智能

人工智能(Artificial Intelligence,AI)是计算机科学的一个分支,是研

究、开发用于模拟、延伸和扩展人的智能的理论、方法、技术及应用系统的一门新的科学。人工智能最初是在 1956 年被提出的。从那之后，研究学者们提出了众多理论和原理，人工智能的概念也随之扩展。人工智能融合了计算机、心理学、哲学等多个学科的知识，涉及机器人、语言识别、图像识别、自然语言处理和专家系统等众多领域，目标是使机器能够胜任一些通常需要人类智能才能完成的复杂工作。

人工智能科学的具体目标随着时代的变化而发展。它一方面不断获得新的进展，一方面又转向更有意义、更加困难的目标。目前，能够用来研究人工智能的主要物质手段以及能够实现人工智能技术的机器就是计算机，人工智能的发展历史是和计算机科学与技术的发展史联系在一起的。除了计算机科学以外，人工智能还涉及信息论、控制论、自动化、仿生学、生物学、心理学、数理逻辑、语言学、医学和哲学等多门学科。人工智能学科研究的主要内容包括知识表示、自动推理和搜索方法、机器学习和知识获取、知识处理系统、自然语言理解、计算机视觉、智能机器人、自动程序设计等。

8.7.2　人工智能的发展与挑战

8.7.2.1　人工智能的发展阶段

无论是简单的石器工具还是内燃机、电动机，都代替和节约了人的体力，而电子计算机的出现则使人感到机器也可能代替和节约人的一部分智力。人工智能作为探讨人脑和心智原理的尖端科学和前沿性的研究，半个多世纪以来经历了艰难曲折的发展过程，大致上可以划分为三个发展阶段：第一个阶段(20 世纪 40 年代中期至 20 世纪 50 年代中期)，是以控制论、信息论和系统论作为理论基础，对人工智能开始探索的时期。1950 年，英国数学家图灵在《心智》杂志上发表了论文《计算的机器与智能》，提出了机器可以思维的问题，直接推动了现代人工智能的发展。第二个阶段(20 世纪 50 年代中期至 20 世纪 80 年代末期)，被称为“经典符号时期”。这一时期，人工智能与认知心理学、认知科学开始了“相依为命”的发展历程。第三个阶段(20 世纪 80 年代末期至今)，被称为“联结主义时期”，其特点是采用分布处理的方法，通过人工神经网络来模拟人脑的智力活动。

8.7.2.2　人工智能研究面临的挑战

尽管计算机类比为我们探讨人脑的心智过程提供了不少的知识，但人脑的工作原理又与计算机有本质的区别。正如冯·诺依曼所指出的：计算机和人脑的工作原理非常不同，计算机是离散的，遵循布尔逻辑，按照预定的程序得出精确的可以重复的结果；人脑是非离散的，遵循复杂的、依赖历史文化经验的逻辑，会得出近似的不确定的结果。

目前，人工智能的发展面临来自下列几方面的挑战：一是生态学方面的挑战。生态学认为，独立于生态环境的内部表征不能揭示人的认知本质。人类完成现实任务的过程不是一种逻辑的、理性的、按部就班的符号处理，而是使用启发式、表象的、模糊的、近似的和不同策略的处理方式。二是社会学的挑战。社会学认为，人工智能千方百计地避免了社会文化因素和历史经验以及情感对人类认知过程的影响。三是现象学的挑战和解释学的挑战。现象学认为，电脑没有考虑人类思维或认知过程中意识的作用。计算机，尤其是早期的物理符号加工模式，不涉及意识的现象性、意向性和内省性等问题。此外，解释学认为，人工智能多注重认知的实验性和实证性，但有待加强其理论概括和解释性。

面对来自生态学、社会学、现象学和解释学等方面的挑战，从 20 世纪 90 年代中叶以来，人工智能的发展趋势是日益关注影响认知的社会因素，从进化和发展的新视角，采用统一认知架构的方法来探讨认知的原理。所谓认知架构，大致上是指建立在概念、方法和数据基础之上的组织性架构。近期关于认知架构讨论的一个重要方面是如何确认电脑的认知本质，例如，因特网就算是一个基本框架。人工智能需要把我们的目标从精确、没有错误但彼此孤立的系统变成有弹性的、协作的系统。一味地扩展电脑的刚性模式是注定要失败的。

8.7.3 人工智能的关键技术

计算机视觉、机器学习、自然语言处理、机器人和语音识别是人工智能的五大核心技术。

8.7.3.1 计算机视觉

计算机视觉是指计算机从图像中识别出物体、场景和活动的能力。计算机视觉技术运用由图像处理操作及其他技术所组成的序列，将图像分析任务分解为便于管理的小块任务。比如，一些技术能够从图像中检测到物体的边缘及纹理，分类技术可被用作确定识别到的特征是否能够代表系统已知的一类物体。

计算机视觉技术的应用十分广泛，如医疗成像分析技术被用来进行疾病预测、诊断和治疗；人脸识别技术被用来自动识别照片里的人物，在安防及监控领域被用来指认嫌疑人。

机器视觉作为相关学科，泛指在工业自动化领域的视觉应用。在这些应用里，计算机在高度受限的工厂环境里识别生产零件一类的物体，相对于寻求在非受限环境里操作的计算机视觉来说，目标更为简单。计算机视觉是一个正在进行中的研究，而机器视觉则是“已经解决的问题”，是系统工程方面的课题而非研究层面的课题。

8.7.3.2　机器学习

机器学习指的是计算机系统无须遵照显式的程序指令，而只依靠数据来提升自身性能的能力。其核心在于，机器学习是从数据中自动发现模式，模式一旦被发现便可用于预测。比如，给予机器学习系统一个关于交易时间、商家、地点、价格及交易是否正当的信用卡交易信息的数据库，系统就会学习到可用来预测信用卡欺诈的模式。处理的交易数据越多，预测就会越准确。

机器学习的应用范围非常广泛，针对那些产生庞大数据的活动，它几乎拥有改进一切性能的潜力。除了欺诈甄别之外，机器学习所针对的活动还包括销售预测、捆绑销售、库存管理、石油和天然气勘探以及公共卫生等。机器学习技术在其他的认知技术领域也扮演着重要角色，比如计算机视觉，它能在海量图像中通过不断训练和改进视觉模型来提高其识别对象的能力。

8.7.3.3　自然语言处理

自然语言处理是指计算机拥有的类似于人类的文本处理的能力。比如，从文本中提取有价值的信息，甚至从那些可读的、风格自然、语法正确的文本中自主解读出含义。一个自然语言处理系统并不了解人类处理文本的方式，但是它却可以用非常复杂与成熟的手段巧妙地处理文本。例如：自动识别一份文档中所有被提及的人与地点；识别文档的核心议题；在一堆仅人类可读的合同中，将各种条款与条件提取出来并制作成表。以上这些任务通过传统的文本处理软件根本不可能完成。

自然语言处理像计算机视觉技术一样，将各种有助于实现目标的技术进行了融合，建立了语言模型来预测语言表达的概率分布，即某一串给定字符或单词表达某一特定语义的最大可能性。通过自然语言处理技术选定的特征可以和文中的某些元素结合来识别一段文字，通过识别这些元素可以把某类文字同其他文字区别开来，比如垃圾邮件同正常邮件。

自然语言处理技术的实际应用领域相对较窄，这些领域包括分析顾客对某项特定产品和服务的反馈，自动发现民事诉讼或政府调查中的某些含义，自动书写企业营收和体育运动方面的公式化范文，等等。

8.7.3.4　机器人

将机器视觉、自动规划等认知技术整合至体积极小却高性能的传感器、制动器以及设计巧妙的硬件中，就产生了新一代的机器人，它有能力与人类一起工作，能在各种未知环境中灵活地处理不同的任务，例如无人机、无人驾驶拖车等。

机器人应用的分法有很多种，从应用层面可以将其粗略地分为以下几个类别：第一个类别是工业级机器人，它可以为企业减轻由劳工成本和用工风险提高带来的压力；第二个类别是监护级机器人，它可以在家里和医院里作为病人、老人或孩子的护理，帮助他们做具有一定复杂程度的事情；第三个类别就是探险级机器人，用来采矿或者探险等。此外，还有用来作战的军事机器人等。

机器人将在许多岗位上取代人类，如电话营销员、校对员、手工裁缝师、数学家、保险核保人、钟表修理师、货运代理商、报税员、图像处理人员、银行开户员、图书馆员、打字员等。因为它们的价格竞争力惊人。

8.7.3.5　语音识别

语音识别主要关注自动且准确地转录人类语音的技术。该技术必须面对一些与自然语言处理类似的问题，如不同口音的处理、背景噪声、区分同音异形/异义词等，同时还需要跟上正常语速。语音识别系统使用一些与自然语言处理系统相同的技术，再辅以其他技术，比如描述声音和其出现在特定序列与语言中概率的声学模型等。语音识别的主要应用包括医疗听写、语音书写、电脑系统声控、电话客服等。

8.7.4　人工智能技术在电力行业中的应用

与互联网一样，人工智能技术将会向所有产业渗透，如军事、传媒、电力、家居、医疗健康业、生命科学、能源、公共部门等，甚至包括受 VR/AR（虚拟现实与增强现实）技术发展影响而产生的虚拟产业。目前，人工智能技术在电力行业中的应用包括：

8.7.4.1　机器人超高压巡检

我国已有超高压线路约 23 万千米，这一数字随着经济发展还在进一步增长，保障电网输电安全可靠运行至关重要。超高压输电线路巡检目前主要采用人工巡检作业方式，劳动强度大、费用多且危险性高。随着工业的发展，电网容量的增大，额定电压等级的提高，电力系统输电线路污闪事故的问题日益突出，检测高压输电线路的不良绝缘子已成为国内外电力部门十分关注的重点。利用机器人对超高压运行状况予以诊断，其所带摄像头及智能检测仪器可对疑似隐患部位进行拍照、录像，实时传至监控后台，由专业人员进行再次分析确认，不漏掉任何一处异常隐患，可提高巡线效率，降低巡检成本，提高作业安全性，保护自然环境。

8.7.4.2　电力供需平衡调节

电网公司拥有将电力输往各地的基础设施。随着风能、太阳能等间歇性可再生能源的大量使用，公司要发挥其平衡电网供需矛盾的作用变得更加困难，因为这些间歇性能源受环境因素的影响，没有火电、核电的稳定性，需要更加智能和灵敏的电力系统加以调节。预测性机器学习技术在帮助电力系统减少对环境的依赖方面具有巨大潜力，可以更准确地预测需求模式，并更有效地平衡电力系统的供需矛盾。今后，企业可以利用机器学习预测技术预测电力需求和供应的高峰，从而帮助电网公司最大限度地利用可再生能源。

8.7.4.3　电力窃漏电用户智能识别

基于大数据和云计算等高新技术，针对电力窃漏电问题，可实现电力窃漏电用户智能识别以及窃漏电智能监测，促进电网柔性运营及效益提升。一方面，基于大数据集成与共享技术，采集各相电流、电压、功率因数、线损、电量异常、负荷异常、终端报警等数据，采用神经网络、随机森林、支持向量机等挖掘算法构建窃漏电用户智能识别模型，可以提取窃漏电用户关键特征，进行在线智能识别；另一方面，基于智能电表开发电力智能集控锁系统，可以对电表计量箱柜的锁具进行远程控制，同时还可设置网络地图信息和GPS卫星定位服务功能，使信息实时反馈到后台服务器，帮助检查人员有效地实施窃漏电智能监测。

8.8　VR技术

8.8.1　VR技术概述

VR技术(虚拟现实技术)是在计算机图形学、计算机仿真技术、人机接口技术、多媒体技术以及传感技术的基础上发展起来的虚拟技术交叉学科。该技术的研究始于20世纪60年代，到20世纪90年代初，虚拟现实技术开始作为一门较完整的技术体系而受到人们的关注。它的兴起，为人机交互界面的发展开创了新的研究领域，为智能工程的应用提供了新的界面工具，为各类工程大规模的数据可视化实现提供了新的描述方法。

8.8.1.1　基本概念

虚拟现实是通过计算机对复杂数据进行可视化操作与交互处理的一种全新方式，与传统的人机界面以及流行的视窗操作相比，它在技术思想上有了质的飞跃。虚拟现实中的“现实”泛指在物理意义上或功能意义上存在于世界上的任何事物或环境，它可以是实际上可实现的，也可以是实际上难以实现的或根本无法实现的;而"虚拟"是指用计算机生成。

虚拟现实是利用计算机生成一种模拟环境,通过多种传感设备使用户"投入"到该环境中,并操作、控制环境,实现用户与该环境直接进行自然交互的技术。从本质上理解,虚拟现实是一种先进的计算机用户接口,它通过给用户同时提供诸如视、听、触等各种直观而又自然的实时感知交互手段,最大限度地方便用户的操作,从而减轻用户的负担,提高整个系统的工作效率。它的内涵在于综合利用计算机图形系统和各种现实及控制等接口设备,在计算机上生成的可交互的三维环境中提供沉浸感觉。其中,计算机生成的可交互的三维环境被称为虚拟环境(Virtual Environment,VE)。

8.8.1.2 主要特征

VR 可以使计算机产生一种人为虚拟的环境,这种虚拟的环境是通过计算机图形构成的三度空间,或是把其他现实环境编制到计算机中而产生的逼真的"虚拟环境",从而使用户在视觉上产生一种沉浸于虚拟环境的感觉。虚拟现实技术具有以下四个重要特征:

(1)多感知性

所谓多感知性,就是说除了一般计算机所具有的视觉感知外,还有听觉感知、力觉感知、触觉感知、运动感知,甚至包括味觉感知、嗅觉感知等。理想的虚拟现实就是应该尽可能多地调动人所具有的感知功能。

(2)存在感

存在感又称"临场感",它是指用户感到的作为主角存在于模拟环境中的真实程度。理想的模拟环境应该达到使用户难以分辨真假的程度。

(3)交互性

交互性是指用户对模拟环境内物体的可操作程度和从环境中得到反馈的自然程度(包括实时性)。例如,用户可以用手去直接抓取环境中的物体,这时手有握着东西的感觉,并可以感觉物体的质量,用户视线中的物体也随着手的移动而移动。

(4)自主性

自主性是指虚拟环境中物体依据物理定律动作的程度。例如,当受到力的推动时,物体会向力的方向移动或翻倒、从桌面落到地面等。

8.8.1.3 VR 系统的组成

VR 技术具有超越现实的虚拟性。VR 系统的核心设备仍然是计算机,功能是生成虚拟境界的图形,主要由以下几个部分组成:

(1)效果发生器

效果发生器是完成人与虚拟环境交互的硬件接口装置,包括使人们产生现实沉浸感的各类输出装置，例如头盔显示器、立体声耳机等；还包括测定视线方向和手指动作的输入装置，例如头部方位探测器和数据手套等。

(2)实景仿真器

实景仿真器是 VR 系统的核心部分，指计算机软硬件系统，包括软件开发工具及配套硬件，其任务是接收和发送效果发生器所产生或接收的信号。

(3)应用系统

应用系统是面向不同的虚拟过程的软件部分，描述虚拟的具体内容，包括仿真动态逻辑、结构，以及仿真对象之间和仿真对象与用户之间的交互关系。

(4)几何构造系统

几何构造系统提供描述仿真对象的物理属性，例如形状、外观、颜色、位置等信息，应用系统在生成虚拟世界时，需要这些信息。

8.8.1.4　关键技术

VR 是多种技术的综合，其关键技术和研究内容包括：

(1)动态环境建模技术

虚拟环境的建立是虚拟现实技术的核心内容。动态环境建模技术的目的是获取实际环境的三维数据，并根据应用的需要，利用获取的三维数据建立相应的虚拟环境模型。对有规则的环境，三维数据的获取可以借助 CAD(计算机辅助设计)技术，而更多的环境则需要采用非接触式的视觉建模技术，两者的有机结合可以有效地提高数据获取的效率。

(2)实时三维图形生成技术

三维图形的生成技术已经较为成熟，其关键是如何实现实时生成。为了达到实时的目的，至少要保证图形的刷新率不低于 15 帧/秒，最好是高于 30 帧/秒。在不降低图形的质量和复杂度的前提下，如何提高刷新频率将是该技术的研究内容。

(3)立体显示和传感器技术

虚拟现实的交互能力依赖于立体显示和传感器技术的发展。现有的虚拟现实还远远不能满足系统的需要，例如，数据手套有延迟高、分辨率低、作用范围小、使用不便等缺点，虚拟现实设备的跟踪精度和跟踪范围也有待提高，因此有必要开发新的三维显示技术。

(4)应用系统开发工具

虚拟现实应用的关键是寻找合适的场合和对象，即如何发挥想象力和创造力。选择适当的应用对象可以大幅度地提高生产效率、减轻劳动强度、提高产品开发质量。为了达到这一目的，必须研究虚拟现实的开发工具。

例如，虚拟现实系统开发平台、分布式虚拟现实技术等。

(5)系统集成技术

由于虚拟现实中包括大量的感知信息和模型，因此系统的集成技术起着至关重要的作用。集成技术包括信息的同步技术、模型的标定技术、数据转换技术、数据管理模型、识别和合成技术等。

8.8.2 VR技术在电力行业中的应用

VR技术应用前景广阔，如今已被广泛运用到科技、商业、电力、医疗、娱乐等多个领域中，比如在科技馆中，利用虚拟现实技术，可以真实再现外星球星体表面的地况，演示其结构和运动过程；在电力应用方面，VR技术可以在虚拟现实世界中构建全数字化电网等。

8.8.2.1 设备特巡应用

电网设备特巡工作是为了大力排查和消除危及电网设备安全运行的各类隐患，确保电网安全稳定运行，是电网公司的重要任务之一。设备特巡包括高低压配网线路设备、公用变台区、配电箱、易受外力破坏的隐患等方面的全面巡查，任务精细繁重。2016年，国家电网有限公司将VR技术运用到变电站设备特巡工作中，对变电站通信机房进行了全景高精度建模，创建了虚拟世界与真实世界的数据通道，实现了对现场设备的实时监测和远程遥控。VR技术已在隐患排查工作中成功应用，未来也必将在电网日常生产中发挥更大的作用。

8.8.2.2 特高压技术培训应用

目前，出于对特高压变电站安全运行的考虑，其相关培训还不能随意安排在变电站现场。通过虚拟现实技术，经过选题策划、现场拍摄、建模制作、资源合成等步骤，可以制作特高压交流变电站VR学习场景。在该场景中，学员戴上VR眼镜，即可通过空中俯视或地面环视等多种视角，了解特高压变电站的构造原理，不仅可以近距离“接触”特高压设备，还可以通过环视，全方位地看到变电站场景，获得真实的现场体验。2016年，国网江苏省电力公司电力科学研究院培训中心率先将虚拟现实技术应用到特高压技术培训之中，有效推进了虚拟现实技术在电网企业中的应用。

参考文献

[1][美]拉伯格:《数据仓库应用指南:数据仓库与商务智能最佳实践》,祝洪凯、李妹芳译,机械工业出版社2012年版。

[2][美]米尔顿:《深入浅出数据分析》,李芳译,电子工业出版社2010年版。

[3][美]荫蒙:《数据仓库》,王志海等译,机械工业出版社2006年版。

[4][英]维克托·迈尔—舍恩伯格、肯尼思·库克耶:《大数据时代:生活、工作与思维的大变革》,盛杨燕、周涛译,浙江人民出版社2013年版。

[5]刁柏青:《ERP系统及其实践》,山东科学技术出版社2004年版。

[6]刁柏青:《物流及供应链系统规划及设计》,清华大学出版社2005年版。

[7]刁柏青:《强化运监能力,提升效率效益》,《山东电力报》2013年12月13日。

[8]刁柏青:《智能电网框架下智能运营系统的构建》,《智能电网期刊》2014年第4期。

[9]刁柏青等编著:《电网企业智能化运营研究》,中国电力出版社2016年版。

[10]刁柏青、代作松:《电力企业智慧运营方法分析》,《电网技术》2017年6月增刊。

[11]刁柏青、周尊国编著:《电力改革环境下的客户关系管理》,中国电力出版社2004年版。

[12]高立联:《创新手段,加强电网运营监测控制:访运营监控中心副主任刁柏青》,《山东电力报》2013年12月27日。

[13]高树蕾、杜文艳:《供电企业供电服务能力指数研究》,《山东电力高等专科学校学报》2011年第1期。

[14]郭永基:《电力系统可靠性分析》,清华大学出版社2003年版。

[15]孔繁钢、吴国诚等编:《电力企业海量实时数据库》,中国电力出版社2012年版。

[16]李灿、陈琰、陈春霖:《电网企业一体化信息模型设计及其应用》,《华东电力》2009年第6期。

[17]李雄飞、董元方、李军等编著:《数据挖掘与知识发现》,高等教育出版社2003年版。

[18]刘振亚主编:《智能电网技术》,中国电力出版社2010年版。

[19]刘振亚:《智能电网及第三次工业革命》,《科技日报》2013 年 12 月 5 日。
[20]汪隆君:《电网可靠性评估方法及可靠性基础理论研究》,华南理工大学博士学位论文,2010 年。
[21]王彬、何光宇等:《智能电网评估指标体系的构建方法》,《电力系统自动化》2011 年第 23 期。
[22]王敬敏、施婷:《智能电网评价指标体系的构建》,《华东电力》2012 年第 2 期。
[23]王彦龙编著:《企业级数据仓库原理设计与实践》,电子工业出版社 2006 年版。
[24]吴学忠:《电力行业如何应用大数据》,《人民邮电报》2013 年 7 月 1 日。
[25]余贻鑫:《面向 21 世纪的智能电网》,《南方电网技术学院》2006 年第 6 期。
[26]袁濒、胡文玲等:《电力系统数据可视化图形模型分析及应用》,《合肥工业大学学报(自然科学版)》2012 年第 3 期。
[27]张彩霞:《大型省级电网企业数据中心的研究与建设》,《硅谷》2011 年第 19 期。
[28]周小明、赵永彬:《辽宁电力数据中心深化应用研究与建设》,《电力信息化》2011 年第 2 期。